엄마의 마음과 아내의 마음으로
내 부엌의 비밀병기가 된 요리

2015년 6월 24일 1판 1쇄 발행
2015년 7월 15일 1판 2쇄 발행

지은이 | 윤정심
발행인 | 최한숙
펴낸곳 | BM 성안북스

주소 | 121-838 서울시 마포구 양화로 127 첨단빌딩 5층(출판기획 R&D 센터)
413-120 경기도 파주시 문발로 112(제작 및 물류)
전화 | 02)3142-0036
031)950-6300
팩스 | 031)955-0510
등록 | 1978.9.18 제406-1978-000001호
출판사 홈페이지 | www.cyber.co.kr
이메일 문의 | heeheeda@naver.com
ISBN | 978-89-7067-284-7 (13590)
정가 | 16,000원

이 책을 만든 사람들
책임 | 전희경
편집 진행 | 소풍
교정·교열 | 전남희
요리·사진·스타일링 | 윤정심
본문 디자인 | 바이차이
표지 디자인 | 바이차이
홍보 | 전지혜
마케팅 | 구본철, 차정욱, 나진호, 이동후, 강호묵
제작 | 김유석

이 책의 어느 부분도 저작권자나 BM 성안북스 발행인의 승인 문서 없이 일부 또는 전부를 사진 복사나 디스크 복사 및 기타 정보 재생 시스템을 비롯하여 현재 알려지거나 향후 발명될 어떤 전기적, 기계적 또는 다른 수단을 통해 복사하거나 재생하거나 이용할 수 없음.

※ 잘못된 책은 바꾸어 드립니다.

엄마의 마음과 아내의 마음으로

윤 정 심 요리하고 찍고 쓰다

나는,
모든 걸 해결해줄 왕자님이 있는 '신데렐라'도 아니고,
모든 걸 갖고 태어난 '재스민 공주'도 아니고,
타고난 재능으로 전 세계를 휩쓴 〈해리포터〉의 작가 J.K 롤링(Rowling)도 아니다.

나는,
매일 중학생 두 딸의 밥상을 차리고,
미술을 전공하는 큰딸의 도시락을 싸고,
출근 시간이 일정하지 않은 남편의 밥상까지 챙기며
날마다 밥과 씨름하는 대한민국의 평범한 아줌마이다.
밥상 차리는 사이사이 친구들과 만나고 그 덕에 맛있는 거 먹어보고
스트레스 날리러 백화점 가서 후들거리는 마음으로 눈도장 찍고 시장 가서
비스름한 거 하나 사와 행복해하는 그런 아줌마이다.

이 책은,
그 와중에 후닥닥 맛있는 음식 차려주고 싶은 엄마의 마음과 아내의 마음,
적은 비용으로 잘 차리려는 아줌마의 노력으로 만들어지고 모아진
나의 '비밀 병기들'이다.
이 비밀 병기들을 두 딸에게, 친구들에게 나눠주고자 늦게 시작한 블로그….
그곳은 내 아침, 따뜻한 도시락의 흔적, 전쟁 같은 저녁식사의 파편들이 보이는
내 '밥과의 일상을 보여주는 곳이자 나의 삶이다.
우연한 기회에 실생활 요리를 만들고 싶어 하던 편집장님과 만나
요리책을 내는 멋진 기회를 갖게 되었다.

이 책은,
요리에 대한 열정은 있으나 노하우가 없는 20대에게,
아이들과 바쁜 삶에 치여 여유 없는 3040세대에게,
마냥 쉽고 간단하고픈 5060세대에게,
마지막으로 사랑하는 나의 두 딸에게
비밀 병기가 되기를 바라는 마음이 가득 차 있다.

나의 보물 레시피

1 모아놓은 레시피들….
많이 정리해서 버렸는데도 파일로 8권이 가득~.
2 신문, 잡지 등에서 오려놓은 자료들.
신문이나 잡지를 보다가도 맘에 드는 요리를 모아뒀어요.
3 인터넷으로 검색해서 프린트해놓은 것들.
TV 프로나 요리 사이트 등에서 제공하는 레시피들을 프린트해서 보관했어요.
작년에 엄청나게 버려서 많이 없네요.
4 아이패드와 휴대폰에도 가득한 레시피와 요리 사진들.
인터넷 서핑을 하다가 발견한 보물 같은 요리와 레시피들을 사진 찍거나 화면 캡처 한 거예요.
제 요리 욕구를 자극하는 것들은 거의 대부분 맛집 사진이랍니다.
다양하게 모은 레시피들을 그대로 사용하는 경우는 거의 없어요.
좀 더 간단하게 재료도 단순화하고, 부족하다고 생각하는 맛들은 추가하고….
5 더 나은 레시피가 생기면 전의 레시피는 버리고 새로운 레시피로 업데이트!
포스트잇의 좋은 점이죠. 간단하게 메모해두었다가 더 나은 레시피가 나오면 버리고
그 자리에 새로운 레시피를 채워 넣어요.
6 큰딸 도시락 싸준 보람.
큰딸이 생일에 만들어순 카드예요.
급식이 없는 학교라 3년 가까이 도시락을 싸줬는데 딸아이도 도시락을 고마워했지만
같이 밥 먹은 친구들도 딸의 도시락을 부러워하고 맛있다는 글을 남겼더라고요.
실제 이 책에 실린 도시락들은 새벽에 만들어서 사진 찍고 딸이 바로 학교로 들고간 거랍니다.
새벽에 일어나서 도시락을 싼 수고가 헛되지 않았나 봐요. ㅎㅎ

contents

Prologue	004	요리를 쉽고 빠르고 맛있게 하는 비결 1	033
식자재 알차게 사용하는 요리를 위한 목차	012	요리를 쉽고 빠르고 맛있게 하는 비결 2	034
		요리를 쉽고 빠르고 맛있게 하는 비결 3	041

CHAPTER 01 반찬이 필요 없는 맛있는 한 그릇 밥 + 곁들이면 좋은 국

01 된장소스덮밥	046	14 콩나물국밥	072
02 부추닭가슴살볶음밥	048	15 뚝배기알밥	074
03 치킨도리아	050	16 쇠고기초밥	076
04 김치그라탱	052	17 쌈밥	078
05 버섯덮밥	054	18 카레라이스	080
06 삼겹살덮밥	056	19 쇠고기채소죽	082
07 베이컨김치볶음밥	058	20 시금치된장죽	084
08 고추참치덮밥	060	21 낙지김치죽	086
09 참치회덮밥	062	22 미소시루	088
10 유산슬덮밥	064	23 김치콩나물국	089
11 잡탕밥	066	24 들깨미역국	090
12 오므라이스	068	25 산라탕	091
13 콩나물밥	070		

CHAPTER 02 밥상의 중심, 찌개 하나로 푸짐하게! + 같이 먹기 좋은 전 몇 가지

01 닭한마리칼국수	094	07 청국장찌개	106
02 만두뚝배기	096	08 꽁치찌개	108
03 매운어묵탕	098	09 김치찜	110
04 부대찌개	100	10 감자고추장찌개	112
05 차돌된장찌개	102	11 버섯매운탕	114
06 차돌김치순두부	104	12 데리야키꽁치조림	116

13	고등어무조림	118	16	메밀전	122
14	부추부침개	120	17	김치부침개	123
15	감자전	121			

CHAPTER 03 밥상에 힘을 주는 고기 요리 + 곁들이면 좋은 채소 요리

01	포크찹	126	14	탕수갈비	152
02	등갈비찜	128	15	닭볶음탕	154
03	훈제오리밀쌈	130	16	탕수육	156
04	안동찜닭	132	17	닭봉구이	158
05	떡갈비와 가래떡구이	134	18	스테이크와 가니시	160
06	쇠고기찹쌀구이와 영양부추무침	136	19	깐풍기	162
07	차슈	138	20	깐쇼새우	164
08	수육	140	21	뚝배기불고기	166
09	부추잡채와 꽃빵	142	22	샤브샤브	168
10	매운돼지갈비찜	144	23	다양한 즉석 김치들	170
11	햄버그스테이크와 버섯 소스	146	24	상추겉절이와 파무침	171
12	수제햄버거	148	25	채소피클	172
13	훈제오리양장피	150	26	마라황과	173

CHAPTER 04 가벼운 한 끼로 좋은 샐러드·수프·샌드위치와 토스트

01	리코타치즈샐러드와 발사믹 소스	176	07	닭가슴살샐러드와 만다린 소스	188
02	리코타치즈	178	08	흑미샐러드와 들깨 소스	190
03	상추만두피샐러드와 오리엔탈 소스 I	180	09	채소샐러드와 키위 소스	192
04	차돌박이샐러드와 오리엔탈 소스 II	182	10	감자수프	194
05	닭가슴살냉채와 파인애플 소스	184	11	크루통	196
06	떡샐러드와 사과즙 소스	186	12	완두콩수프	198

13 단호박수프	200	
14 참치샌드위치	202	
15 치킨페스토샌드위치	204	
16 모닝빵샌드위치	206	
17 치킨크린베리샌드위치	208	
18 포켓샌드위치	210	
19 크로크무슈 & 크로크마담	212	
20 쇠고기가지파니니	214	
21 허니카망베르치즈파니니	216	
22 길거리표 토스트	218	
23 달걀베이컨토스트	220	
24 프렌치토스트	222	
25 마늘토스트	224	
26 하이토스트	226	
27 허니브래드	228	

CHAPTER 05 산뜻한 한 끼로 좋은 면 요리

01 김치칼국수	232	
02 된장국수	234	
03 장칼국수	236	
04 게맛살샐러드국수	238	
05 두부김치말이국수	240	
06 냉모밀	242	
07 잔치국수	244	
08 볶음우동	246	
09 봉골레알리오올리오	248	
10 파셰	250	
11 가지토마토파스타	252	
12 카르보나라스파게티	254	
13 냄비우동	256	
14 메밀소바	257	

CHAPTER 06 맛있는 간식이 필요한 시간 + 달콤한 디저트

01 달걀빵	260	09 불고기브리토	276
02 떡꼬치	262	10 고르곤졸라피자	278
03 오렌지고구마맛탕	264	11 시금치피자	280
04 납작만두	266	12 가지피자	282
05 순대볶음	268	13 땅콩쿠키	284
06 국물떡볶이	270	14 초코칩쿠키	286
07 카르보나라떡볶이	272	15 초콜릿머그케이크	288
08 치킨브리토	274	16 녹차아이스크림 & 우유아이스크림	290

CHAPTER 07 엄마의 정성 담은 도시락 + 도시락 반찬 + 도시락 싸기

01 스팸초밥	294	11 쇠고기말이주먹밥	314
02 스팸무수비	296	12 쌈밥도시락	316
03 샐러드김밥	298	13 마늘멸치볶음	318
04 아보카도김밥	300	14 아몬드멸치볶음	320
05 김치볶음김밥	302	15 김치볶음	322
06 마약김밥	304	16 감자베이컨볶음	324
07 충무김밥	306	17 달걀말이	326
08 고추장주먹밥도시락	308	18 깐쇼비엔나	328
09 잔멸치주먹밥	310	19 깐풍두부	330
10 미니오므라이스	312	*** 도시락 싸기	332

식자재 알차게 사용하는 요리를 위한 목차

고기 및 가공 식품류

다진 쇠고기가 들어간 요리

 고기 고명(P.33)
 부대찌개(P.100)
 쇠고기채소죽(P.82)

 오므라이스(P.68)
 떡갈비(P.134)
 햄버그스테이크(P.146)
 수제햄버거(P.148)

 고추장주먹밥(P.308)
 콩나물밥(P.70)
 쌈밥도시락(P.316)

차돌박이가 들어간 요리

 차돌된장찌개(P.102)
 청국장찌개(P.106)
 차돌김치순두부(P.104)
 차돌박이샐러드(P.182)

돼지갈비가 들어간 요리

 탕수갈비(P.152)
 김치찜(P.110)
 매운돼지갈비찜(P.144)

식자재 알차게 사용하는 요리를 위한 목차　**013**

닭이 들어간 요리

닭한마리칼국수(P.94)
닭다리살-닭볶음탕(P.154)
닭다리살-안동찜닭(P.132)
닭다리살-깐풍기(P.162)
닭봉-닭봉구이(P.158)

훈제오리가 들어간 요리

훈제오리양장피(P.150)
훈제오리밀쌈(P.130)

닭가슴살 (통조림 포함)이 들어간 요리

닭가슴살샐러드(P.188)
흑미샐러드(P.190)
치킨도리아(P.50)
닭가슴살냉채(P.184)
볶음우동(P.246)
쌈밥(P.78)
부추닭가슴살볶음밥(P.48)
치킨페스토샌드위치(P.204)
치킨크랜베리샌드위치(P.208)
치킨브리토(P.274)

식자재 알차게 사용하는 요리를 위한 목차 **015**

식자재 알차게 사용하는 요리를 위한 목차 **017**

식자재 알차게 사용하는 요리를 위한 목차 **019**

식자재 알차게 사용하는 요리를 위한 목차 **021**

베이컨김치볶음밥(P.58)	김치그라탱(P.52)	김치볶음김밥(P.302)	김치칼국수(P.232)
낙지김치죽(P.86)	차돌김치순두부(P.104)	두부김치말이국수(P.240)	김치찜(P.110)
닭한마리칼국수(P.94)	콩나물국밥(P.72)	뚝배기알밥(P.74)	만두뚝배기(P.96)
비빔국수(P.38)	청국장찌개(P.106)	부대찌개(P.100)	김치부침개(P.123)

가지가 들어간 요리

| 쇠고기가지파니니(P.214) | 가지피자(P.282) | 가지토마토파스타(P.252) |

식자재 알차게 사용하는 요리를 위한 목차 **023**

식자재 알차게 사용하는 요리를 위한 목차 **025**

식자재 알차게 사용하는 요리를 위한 목차 **027**

식자재 알차게 사용하는 요리를 위한 목차 **029**

포켓샌드위치(P.210)

두반장이
들어간 요리

치킨브리토(P.274)

불고기브리토(P.276)

깐쇼비엔나(P.328)

깐쇼새우(P.164)

산라탕(P.91)

파셰(P.250)

마라황과(P.173)

우스터 소스가
들어간 요리

포크찹(P.126)

치킨도리아(P.50)

오므라이스(P.68)

미니오므라이스(P.312)

버섯덮밥(P.54)

햄버그스테이크와 버섯소스(P.146)

굴소스가
들어간 요리

등갈비찜(P.128)

매운돼지갈비찜(P.144)

게맛살샐러드국수(P.238)

계량하기와 기본 썰기

계량하기

```
1컵    = 1C = 200㎖ = 200cc = 약 종이컵 한 가득
1큰술  = 1T =  15㎖ =  15cc = 약 1밥숟가락
1작은술 = 1t =   5㎖ =   5cc = 약 ⅓밥숟가락
달걀 1개 = 약 50g
```

	가루 양념(소금·설탕 등)		액체 양념(간장·식초 등)		농도 양념(고추장·된장, 케첩 등)	
	계량스푼	밥숟가락	계량스푼	밥숟가락	계량스푼	밥숟가락
1큰술	=		=		=	
1작은술	=		=		=	

▶ 계량컵은 200㎖, 240㎖, 250㎖로 여러 용량이 있습니다. 꼭 용량을 확인하세요.
※ 이 책에서는 1컵 = 200㎖ 계량컵을 사용했습니다.

▶ 계량스푼 대신 밥숟가락과 티스푼을 이용해도 됩니다.
단, 집집마다 크기가 다르기 때문에 계량스푼과 비교해서 양을 알아두면 좋습니다.
1큰술의 경우 밥숟가락과 티스푼을 사용하면 가루 양념과 농도 양념은 수북하게 담으면 양이 비슷하고, 액체 양념은 4/5 정도 채우면 2숟가락정도의 양이 됩니다.

▶ 계량스푼과 계량컵과 달리 저울은 꺼내기 번거로운 경우가 많아요.
빵이나 쿠키 등 계량이 정확해야 하는 경우는 저울로 무게를 달아야 하지만 그 외의 경우, 달걀 1개를 50g 정도로 해서 어림하세요. 조금 더, 조금 덜 들어간다고 큰일나지 않습니다!
이 책에서는 재료 사진으로 대충 양을 어림하셔도 됩니다.

▶ 스파게티 면과 소면의 계량
엄지와 검지를 동그랗게 모아 1인분을 계량하면 됩니다.

스파게티 면 1인분 = 100g

소면 1인분 = 100g

▶ 한 줌(1줌) 계량
정확한 계량이 필요 없는 경우, 손으로 가볍게 잡아 1줌, 손가락 사이로 넘치게 잡아서 1줌 가득으로 대강의 양을 계량합니다.

1줌

1줌 가득

썰기의 기본

- **파 다지기**
세로로 길게 여러 번 칼집을 낸 다음 송송 썰어요.

- **피망, 파프리카, 고추 썰기**
반을 갈라 씨를 빼고 매끈한 쪽이 도마에 닿게 한 후 썰면 칼이 미끄러지지 않아요.

- **양파 다지기**
반으로 잘라 양파의 끝 부분이 붙어 있도록 촘촘하게 칼집을
낸 후 잘게 썰어요.

- **당근 채 썰기와 다지기**
어슷하게 썰어서 가늘게 채 썰고, 다시 잘게 다집니다.

- **김치 다지기**
김치를 다질 때는 가위를 이용하세요. 작게 자르기도 좋고, 도마와 손에 양념이 묻지 않아서 설거지도 줄어 편하답니다.

 **빠른 요리를 위한 팁**

- 고기의 밑간을 하는 경우, 양이 많지 않다면 비닐봉투에 고기와 양념을 넣어서 주무르세요. 설거지도 줄고, 양념도 잘 된답니다.
- 김가루를 만들거나 수제비 반죽을 할 때, 튀김가루 묻힐 때도 비닐봉투를 이용하세요. 가루가 날리지도 않고, 보관하기도 쉬워요.
- 냉동실에 넣어둔 가래떡이나 떡볶이 떡을 이용해서 요리를 할 때, 그대로 사용하면 한참을 넣고 끓여도 딱딱해요. 이럴 땐 미리 찌거나 끓는 물에 살짝 데쳐서 넣으면 속까지 말랑말랑하답니다.
- 양념 재료가 많지 않은 경우, 굳이 양념장을 따로 만들지 마세요. 설거지할 그릇을 최대한 줄이면 요리가 조금 편해집니다.
- 전기주전자를 최대한 이용하세요. 전기주전자는 유용한 가전제품이에요. 라면 끓일 때나 면 삶을 물을 끓일 때, 전기주전자로 미리 물을 끓여서 사용하면 조리 시간을 줄일 수 있답니다.
- 제일 사랑하는 소형 가전제품 <u>달걀찜기</u> 인스턴트 면을 끓여 먹을 때, 위에 삶은 달걀만 올라가 있어도 훨씬 폼나는 요리가 되지요. 달걀찜기를 이용하면 반숙, 완숙 조절도 쉽게 되고 삶는 동안 잊어버리고 있어도 되니까 정말 편하답니다.

- 프라이팬을 구입할 때 <u>그릴 선이 있는 팬</u>을 하나 꼭 구입하세요. 그릴 선이 있는 팬으로 스테이크나 파니니 등을 구우면 표면에 그릴 선이 생겨서 훨씬 먹음직스러운 음식을 만들 수 있습니다.

냉동실 키트 만들어 보관하기

고기 고명

- 다진 쇠고기 200g + 간장 2큰술 + 맛술 1큰술 + 다진 마늘 ½큰술 + 참기름 ½큰술
- 불을 줄여 덩어리지지 않도록 부숴가며 볶아요. 반 정도 익은 고기가 서로 떨어지면 다시 강한 불로 올려 수분을 날리며 볶습니다.
- 떡국, 비빔국수, 비빔밥 등의 고명으로도 좋고, 부대찌개나 쌈장 등에 넣으면 요리 시간을 줄일 수 있을 뿐만 아니라 훨씬 보기 좋은 요리를 만들 수 있어 좋아요.
- 50g 정도씩 나누어 냉동해두면 급할 때 유용하게 쓸 수 있어요.
- 부대찌개(P.100), 쌈장(P.38), 장칼국수(P.236)

육수 키트

- 멸치 육수용 멸치, 다시마, 마른 새우, 가쓰오부시를 모아서 보관하면 편리해요.

배즙

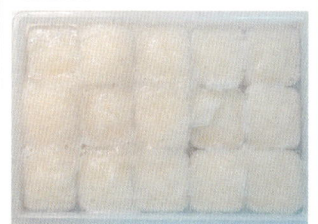

- 고기 요리에 자주 쓰는 배즙은 조금 넣자고 갈기도 귀찮고 배가 집에 없는 경우도 많아서 종종 생략하게 되지요. 배 1~2개를 믹서에 한꺼번에 갈아서 조금씩 나누어 얼려두면 편하게 쓸 수 있답니다.
- → 마늘, 고기 고명, 배즙 보관 용기는 인터넷에 '알알이쏙'으로 검색해보세요.

달걀말이용 채소와 햄 키트

- 데친 시금치와 당근, 햄, 양파 등의 채소를 잘게 썰어 얼려놓으면 달걀말이를 금방 만들 수 있어요.
- 평소 자투리 채소들을 썰어서 얼려놓거나 한 번 달걀말이 할 때 채소와 햄을 넉넉하게 썰어서 냉동 보관하세요.
- 달걀말이(P.326)

찌개 키트

- 대파와 호박, 청양고추는 찌개에 넣기 좋게 썰어 각각 담고, 다진 마늘은 1큰술씩 쉽게 떨어지게 담아두면 찌개 끓일 때 필요한 재료를 한꺼번에 준비할 수 있어서 편하답니다.
- → 다진 마늘을 1큰술씩 계량스푼으로 비닐에 펼쳐 담아서 얼린 다음 통에 담거나, 1큰술씩 담을 수 있게 칸이 나뉜 통을 이용하세요.

요리를 쉽고 빠르고 맛있게 하는 비결 2

멸치 육수 + 각종 양념 + 소스 만들어 냉장고에 보관하기

멸치 육수

멸치 육수를 넉넉하게 만들어서 냉장고에 넣어두면 시간도 절약되고 손쉽게 다양한 국물 요리를 만들 수 있어서 밥하기가 조금은 편해진답니다. 멸치 육수가 미리 만들어져 있으면 국, 찌개, 국수 등 많은 요리들을 20분 이상 시간을 단축해 쉽게 완성할 수 있거든요. 예를 들어 잔치국수를 끓일 때, 멸치 육수가 있다면 소면 삶는 동안 다른 몇 가지 재료만 준비해서 끓이면 되니까 10분이면 완성할 수 있습니다.

재료(2.5L 정도)
- 물 3L
- 멸치 1줌 가득(2컵)
  (비린 맛이 많이 나면 내장을 제거하고 기름 없이 팬에 살짝 볶아서 쓰세요.)
- 마른 새우 ⅓컵
- 다시마 10X10cm 1장
- 무 100g

만들기

1. **재료 준비하기**
   멸치 육수는 제시한 재료를 기본으로 파뿌리, 양파, 버섯, 마른 홍합 등을 다양하게 첨가해도 된다. 다른 재료가 없으면 멸치만 진하게 우려도 좋다.

2. **끓이기**
   분량의 물에 나머지 재료들을 찬물부터 넣고 끓인다.
   강한 불로 끓이다가 끓어오르면 중약 불로 낮춰서 뭉근히 끓인다.

3. **다시마 건지기**
   국물이 끓은 지 10분 정도 지나면 다시마를 먼저 건진다.
   → 10분이 지나면 다시마에서 진액이 나와 맛이 없어져요.

4. **15~20분 더 끓이기**
   다시마를 건진 후, 15~20분 정도 더 끓이다가 건더기를 건지고 국물만 식혀서 냉장 보관한다.

멸치 육수를 이용한 다양한 요리들
콩나물국밥(P.72), 시금치된장죽(P.84), 잔치국수(P.244), 샤브샤브(P.168), 감자고추장찌개(P.112), 김치칼국수(P.232), 된장국수(P.234), 순대볶음(P.268), 낙지김치죽(P.86), 차돌김치순두부(P.104), 국물떡볶이(P.270), 부대찌개(P.100), 차돌된장찌개(P.102), 장칼국수(P.236), 매운어묵탕(P.98)

쯔유

가쓰오부시를 넣은 일본식 간장 소스로 보통 물에 희석해서 각종 볶음, 무침, 국물 요리 등에 사용해요.

재료(450ml)

- ☐ 멸치 1줌
- ☐ 물 500ml
- ☐ 맛술 150ml
- ☐ 간장 50ml
- ☐ 청주 50ml
- ☐ 설탕 2~3큰술
- ☐ 레몬 ½개
- ☑ 혼다시 1~2큰술
- ☐ 가쓰오부시 1줌

〈혼다시〉
가쓰오부시를 주재료로 각종 양념, 향신료 등을 첨가해 감칠맛을 내는 과립형 조미료로 다양한 국물 요리에 사용합니다.
혼다시가 들어간 요리(P.16)

만들기

- 냄비에 멸치를 볶다가 물, 맛술, 간장, 청주, 설탕, 레몬, 혼다시를 한꺼번에 넣고 끓인다.
- 끓어오르면 가쓰오부시를 넣고 불을 끈 다음 식혀서 체에 걸러 냉장 보관한다.

쯔유를 이용한 다양한 요리들

냄비우동(P.256)

메밀소바(P.257)

샤브샤브(P.168)

볶음우동(P.246)

데리야키 소스

샐러드 소스, 볶음, 구이, 조림 등에 다양하게 이용할 수 있는 달콤한 간장 소스예요.

재료(250~300ml)
- ☐ 간장 1컵
- ☐ 맛술 1컵
- ☐ 청주 8큰술
- ☐ 설탕 8큰술
- ☐ 통후추 20개
- ☐ 양파 ½개
- ☐ 레몬 ½개
- ☐ 생강 마늘 크기로 3톨

만들기
· 냄비에 분량의 재료를 모두 넣고 중간 불로 끓이다가 끓어오르면 약한 불로 줄여 분량이 반 정도가 될 때까지 졸인다.
· 불을 끄고 뚜껑을 덮어 맛이 좀 더 우러나게 한 후 식혀서 체에 거른다.

데리야키 소스를 이용한 다양한 요리들

데리야키꽁치조림(P.116) 쇠고기말이주먹밥(P.314)
삼겹살덮밥(P.56) 쇠고기초밥(P.76)

단촛물

초밥이나 롤을 만들 때 넣는 새콤달콤한 소스예요.
초밥 외에도 오이나 파를 무칠 때 넣어도 맛있답니다.

재료(300ml)
- ☐ 식초 1컵
- ☐ 설탕 4큰술
- ☐ 소금 2큰술
- ☐ 청주 2큰술
- ☐ 레몬 ½개
- ☐ 다시마 10X10cm 1장

단촛물 만들기
- 냄비에 분량의 재료를 넣고 중약 불에서 설탕과 소금이 녹도록 저으면서 끓인다. 끓으면 불을 쓰고 식힌 후, 레몬과 다시마를 건져내고 냉장 보관한다.

초밥 만들기

- 대형 마트나 인터넷 쇼핑몰에서 초밥용 생선을 구입한다. 연어, 초새우, 갑오징어 등 다양한 초밥용 생선들을 판매한다.
- 초밥용 밥의 비율은 밥 3공기에 단촛물 2큰술 정도면 적당하다.
- 밥이 뜨거울 때 단촛물을 넣고 식혀서 밥을 적당히 뭉친 다음 고추냉이(와사비)를 올리고 해동한 초밥용 생선을 올린다.

단촛물을 이용한 다양한 요리들

아보카도김밥(P.300) 수육(P.140)

TIP!
단촛물은 냉장고에서 6개월 이상 보관이 가능하답니다.
초밥 만들 때 단촛물 만들기가 귀찮다면 마트에서 '스시노코'라는 초밥용 가루 식초를 사서 사용해보세요.

기본 쌈장

그냥 먹어도 맛있지만 쇠고기, 닭고기, 참치, 견과류 등을 넣어 다양한 쌈장을 만들어 먹어도 좋아요.

다양한 쌈장 만들기
- 기본 쌈장에 닭가슴살, 고기 고명(P.33), 견과류, 두부 등을 섞어서 다양한 쌈장을 만들 수 있어요.
- 기본 쌈장을 만들어 보관하면 된장, 고추장처럼 보관 기간이 길어 필요할 때마다 쓰기 편하답니다.

쌈장라면
- 몸에 좋지는 않지만 먹지 않고 살기 힘든 라면을 먹을 때, 라면스프의 양을 줄이고 쌈장을 넣어 끓여보세요. 라면에서 깊은 맛이 느껴진답니다.

재료(200g 정도)
▶ 잘 섞어서 냉장 보관 하세요.
- ☐ 된장 5큰술
- ☐ 고추장 2큰술
- ☐ 다진 마늘 2큰술
- ☐ 매실청 2큰술
- ☐ 설탕 1큰술
- ☐ 통깨 1큰술

기본 쌈장을 이용한 다양한 쌈장

닭가슴살쌈장 (기본 쌈장 + 통조림 닭가슴살)   쇠고기쌈장 (기본 쌈장 + 고기 고명)

초고추장

한 번 만들어두면 비빔국수, 회무침, 회덮밥 등에 다양하게 이용할 수 있는 양념이에요.
특히 여름에 입맛 없고 시원한 음식이 먹고 싶을 때, 냉장고 속 초고추장은 보험 같답니다.

재료(130ml)
▶ 잘 섞어서 냉장 보관 하세요
- ☐ 고추장 4큰술
- ☐ 식초 3큰술
- ☐ 설탕 2큰술
- ☐ 매실청 1큰술
- ☐ 마늘 ⅔큰술
- ☐ 통깨 ½큰술

초고추장을 이용한 다양한 요리들

회덮밥
- 밥 위에 양배추, 상추, 깻잎 등의 채소와 참치 등의 회를 얹고 초고추장을 곁들여 낸다.
  ⋯ 회와 각종 채소를 섞어 회무침으로 만들어도 맛있어요.

비빔국수
- 삶은 소면에 설탕과 참기름으로 버무린 잘게 썬 김치, 상추와 오이 등을 넣고 비빈다.
  ⋯ 고기 고명(P.33)을 넣으면 더 맛있어요.

> **매운 양념**

매운탕이나 고추장찌개 등의 매운 국물 요리에 넣으면 따로 양념장을 만들 필요가 없는 만능 양념이에요.
국물 요리뿐 아니라 어묵볶음이나 낙지볶음 등의 매운 볶음 요리에도 쓸 수 있어서 편하답니다.
양념장에 설탕이 들어 있지 않으니 볶음 요리를 할 때는 취향에 따라 설탕이나 꿀을 넣으세요.

재료(100ml)
▶ 냉장고에서 3~4일 숙성시킨 후 쓰면 좋아요.
- ☐ 고추장 4큰술
- ☐ 고춧가루 2큰술
- ☐ 다진 마늘 2큰술
- ☐ 맛술 2큰술
- ☐ 국간장 2큰술
- ☐ 액젓 2큰술
- ☐ 혼다시 2작은술
- ☐ 다진 생강 1작은술

매운 양념을 이용한 다양한 요리들

버섯매운탕(P.114)   부대찌개(P.100)
매운어묵탕(P.98)   김치칼국수(P.232)

얼큰수제비

· 밀가루 3컵 + 물 1컵 + 녹말 3큰술 + 소금 ⅓큰술 + 식용유 ½큰술을 반죽해서 냉장고에 1시간 정도 두어 쫄깃하게 한다.
· 멸치 육수를 끓이면서 반죽을 뜯어 넣고 바지락, 표고버섯, 감자, 호박, 청양고추, 호박, 파를 넣어 끓인 뒤 매운 양념으로 간을 한다.

어묵볶음

· 양파, 당근, 청양고추를 볶다가 어묵과 매운 양념, 꿀, 물 약간을 넣어 볶은 후 파를 넣는다.

김치 양념

양념 재료를 분량대로 섞어서 김치 양념을 넉넉하게 만들어두면 다양한 겉절이와 김치를 쉽게 만들 수 있어요.
냉장고에 보관했다가 부추김치, 오이김치, 배추겉절이, 깻잎 등 다양한 김치를 필요한 만큼 소량씩 만들 수 있어서 정말 편하답니다.

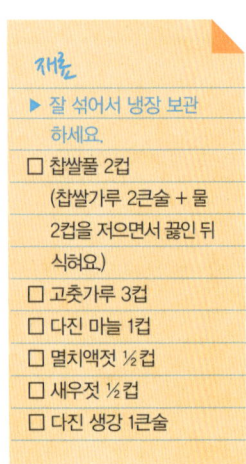

재료
▶ 잘 섞어서 냉장 보관 하세요.
- 찹쌀풀 2컵
  (찹쌀가루 2큰술 + 물 2컵을 저으면서 끓인 뒤 식혀요)
- 고춧가루 3컵
- 다진 마늘 1컵
- 멸치액젓 ½컵
- 새우젓 ½컵
- 다진 생강 1큰술

부추오이김치(P.170)

부추김치(P.170)

배추겉절이(P.170)

깻잎김치(P.170)

요리를 쉽고 빠르고 맛있게 하는 비결 3

시판 제품도 가끔은 당당하게 사용하기

모든 음식을 100% 직접 만들면 좋겠지만 다양하게 나오는 시판 제품들을 적절하게 이용하면 훨씬 풍성한 식탁을 만들 수 있답니다.
시판 제품을 당당하게 이용하는 가장 중요한 포인트는 '시판 제품이 아닌 것처럼 만들기'예요. 예쁜 그릇이나 냄비에 담고, 채소와 고기 등을 넣어 영양을 보충하고…. 말하지 않으면 직접 만든 음식처럼 보이도록 만들어보세요.

우동 - 뚝배기에 끓이면 멋진 냄비 우동으로!
시판 우동을 뚝배기에 끓이고 집에 있는 채소, 어묵, 달걀 등을 더하면 웬만한 우동집보다 더 먹음직스러운 냄비우동이 됩니다.

비빔면 + 채소와 달걀
비빔면에 오이, 상추 등 다양한 채소들과 삶은 달걀을 올려 접시에 담아내세요.

쫄면 + 골뱅이와 채소
소스까지 들어 있는 쫄면에 골뱅이 통조림과 각종 채소들을 넣으면 금방 골뱅이 무침을 만들 수 있답니다. 좀 더 매콤하게 만들고 싶으면 고춧가루와 청양고추를 넣으세요.

즉석 카레 + 난
난 믹스 제품을 이용해 반죽하거나 냉동 토르티야를 구워 즉석 카레에 찍어 먹어보세요. 간단하게 별미 요리를 즐길 수 있답니다.

냉면 육수 - 두부김치말이국수의 육수로!
소면과 두부, 김치를 넣은 김치말이국수(p.240)의 육수로 이용하세요.

스파게티 소스와 피자 소스 - 브리또, 파세, 샌드위치 소스로 이용

시판 스파게티 소스나 피자 소스를 스파게티뿐 아니라 브리또, 샌드위치를 만드는 소스로 이용하세요.

치킨브리또(P.274)

파세(P.250)

포켓샌드위치(P.210)

시금치피자(P.280)

가지피자(P.282)

냉동 생지로 뜨끈뜨끈한 빵 만들기

↳ 단과자 알생지

생지를 2시간 전에 꺼내놓고 달걀노른자 물을 발라 오븐에 15분 정도 구우면 막 구운 뜨끈뜨끈한 빵을 먹을 수 있어요. 여러 종류의 식빵, 크루아상, 각종 파이 등 다양한 생지가 있답니다.

'단과자 알생지'로도 다양한 빵을 직접 만들 수 있어요. 인터넷 쇼핑몰에서 구입할 수 있고, 냉동 상태로 배송됩니다.

냉동 생지 구입처: 카페노리 www.cafenoli.com

단과자 알생지란?

- 취향에 따라 모양을 바꾸거나 내용물을 첨가해서 다양한 빵을 만들 수 있도록 다른 첨가물 없이 반죽 상태로 나누어 냉동한 생지예요.
- 필요한 만큼 뭉쳐 소시지, 올리브, 양파 등 다양한 재료들을 이용해 빵을 원하는 대로 구울 수 있답니다.

냉동 생지란?

- 반죽 ⋯→ 1차 발효 ⋯→ 성형 완료 ⋯→ -40℃ 급속 냉동. 이렇게 만든 반죽을 냉동 보존한 제품을 말해요.
- 번거로운 반죽 없이 간단하게 구울 수 있어 베이킹 초보도 갓 구운 맛있는 빵을 만들 수 있어요.

미니크루아상 생지

호박페이스트리 생지

치즈팡 생지

CHAPTER 01

반찬이 필요 없는 맛있는 한 그릇 밥 + 곁들이면 좋은 국

된장찌개 재료로 만드는 맛있는 덮밥!
된장소스덮밥

일주일에 몇 번은 끓이게 되는 만만한 된장찌개….
된장찌개 하나로는 왠지 부실한 것 같고, 또 된장찌개가 조금은 지겨울 때,
같은 재료로 약간의 변화를 주어 맛있는 덮밥을 만들 수 있답니다.
된장찌개 재료의 색다른 변신!

재료(3~4인분)
- 쇠고기 100g
- 두부 1모(210g)
- 감자 1개 □ 표고버섯 3개
- 양파·호박 ½개씩
- 청양고추 ½개 □ 대파 2대
- 참기름 1큰술
- 쌀뜨물 600ml

양념
- 된장 3큰술
- 고추장·다진 마늘 1큰술씩
- 고춧가루 2큰술
- 물녹말(녹말 2큰술 + 물 3큰술)
(농도를 조절해가며 적당히 넣으세요.)

참기름에 달달 볶으세요

❶ 재료 썰기
쇠고기, 두부, 감자, 호박, 양파, 표고버섯을 된장찌개 끓일 때처럼 먹기 좋게 썬다. 청양고추는 잘게 다지고, 대파는 송송 썬다.

❷ 쇠고기, 감자, 양파 볶기
참기름을 두르고 쇠고기를 볶다가 감자와 양파를 넣어 볶는다.

❸ ② + 쌀뜨물
②에 쌀뜨물을 넣고 끓인다.
…▸ 쌀뜨물은 첫물은 버리고 두 번째, 세 번째 쌀 씻은 물을 쓰세요.

❹ ③ + 양념
③에 물녹말을 제외한 양념 재료를 분량대로 넣어 끓인다.

❺ ④ + 두부, 호박, 표고버섯, 청양고추
④에 두부, 호박, 표고버섯, 청양고추를 넣어 끓인다.

❻ ⑤ + 물녹말
녹말과 물을 분량대로 섞어 잘 푼 다음 불을 약하게 줄이고 물녹말을 조금씩 넣어가며 잘 젓는다.

❼ ⑥ + 대파
마지막으로 ⑥에 대파를 넣으면 완성!

된장 소스가 카레 정도의 농도가 되도록 물녹말을 조금씩 넣어요.

맛있는 Tip
▸ 집집마다 된장과 고추장의 농도가 다르니 짜지 않게 잘 조절해서 넣으세요.
▸ 식으면서 되지기 때문에 약간 질게 만드는 게 좋습니다.
▸ 쌀뜨물로 만드는 또 다른 요리
…청국장찌개(p.106)

남기 쉬운 부추와 숙주로 만드는 베트남식 볶음밥
부추닭가슴살볶음밥

왜 부추는 한 단씩 파는지 모르겠어요. 필요한 양을 쓰고 남은 것은 냉장고 구석에 있다가 버려지기 일쑤지요. 숙주 한 봉지도 그렇고요.
냉장고 속에 애매하게 남아 있는 부추와 숙주에 닭가슴살 통조림과 해선장으로 베트남 음식점의 볶음국수 팟타이 맛이 나는 맛있는 볶음밥을 만들어보세요.

재료(2~3인분)
- ☐ 밥 2공기
- ☐ 통조림 닭가슴살 1캔(135g)
- ☐ 양파 ½개
- ☐ 부추 1줌 가득(영양부추, 부추 다 좋아요.)
- ☐ 숙주 1줌 가득
- ☐ 해선장 1~1½큰술(없으면 굴 소스로 대체)
- ☐ 땅콩가루·통깨 1큰술씩
- ☐ 식용유 적당량

반찬이 필요 없는 맛있는 한 그릇 밥 **049**

부추와 숙주를 넣고 볶아요

❶ **재료 준비하기**
닭가슴살 통조림은 국물을 따라버리고 살만 준비해놓는다.
양파는 작게, 부추는 1cm 길이로 썰고, 숙주는 깨끗하게 씻어놓는다.

❷ **양파, 닭가슴살 볶기**
팬에 기름을 두르고 양파와 닭가슴살을 충분히 볶는다.

❸ **② + 부추, 숙주**
②에 부추와 숙주를 넣고 좀 더 볶는다.

❹ **③ + 밥, 해선장**
③에 밥과 해선장을 넣어 볶는다.

❺ **④ + 땅콩가루, 통깨**
④에 땅콩가루와 통깨를 넣고 볶아 완성한다.

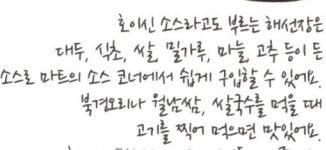

호이신 소스라고도 부르는 해선장은
대두, 식초, 쌀, 밀가루, 마늘, 고추 등이 든
소스로 마트의 소스 코너에서 쉽게 구입할 수 있어요.
북경오리나 월남쌈, 쌀국수를 먹을 때
고기를 찍어 먹으면 맛있어요.
훈제오리밀쌈(p.130)에 곁들여도 좋아요.

추억의 그 맛!
치킨도리아

지금은 없어진 '코코스'라는 패밀리 레스토랑의 대표 메뉴였던 치킨도리아….
그라탱이라는 메뉴가 흔치 않던 시절에 너무 맛있게 먹었던 기억을 더듬어 집에서 만들어봤어요. 처음엔 맛있게 먹다가 크림소스의 기름진 맛에 눈물을 머금고 남겼는데 청양고추를 넣으니 맛이 깔끔해져 끝까지 맛있게 먹을 수 있었답니다.

재료(3인분)
- 밥 2공기
- 닭가슴살 또는 닭안심 300g(간장 ½큰술 + 맛술 ½큰술 + 후춧가루로 밑간)
- 청양고추 1개
- 청피망·양파 ½개씩
- 토마토케첩 6큰술
- 우스터 소스 2큰술
- 모차렐라 치즈 3~4줌
- 파슬리 가루 약간
- 식용유 적당량

크림소스
- 생크림 100ml
- 우유 100ml
- 달걀 1개
- 파르메산 치즈 1큰술

❶ 재료 썰기
닭가슴살은 큼직하게 썰고 청양고추, 청피망, 양파는 작게 썬다.

❷ 닭가슴살 밑간하기
닭가슴살에 간장, 맛술, 후춧가루로 밑간을 한다.

❸ 크림소스 만들기
재료를 분량대로 섞어서 크림소스를 만든다.

❹ 양파, 닭가슴살, 피망, 청양고추 볶기
팬에 기름을 두르고 양파를 먼저 볶다가 닭가슴살과 피망, 청양고추를 순서대로 넣으며 볶는다.

❺ ❹ + 밥 + 토마토케첩, 우스터 소스
❹에 밥과 토마토케첩, 우스터 소스를 넣고 잘 볶는다.

❻ 오븐에 굽기
그라탱 용기에 ❺의 볶음밥을 담고, 크림소스를 자작하게 부은 뒤 모차렐라 치즈를 듬뿍 올린다. 200℃로 예열한 오븐에서 15~20분 구운 후 파슬리 가루를 뿌린다.

재료가 잘 섞이도록 고루 저으며 볶아요.

치즈는 골고루 올리세요

맛있는 Tip
▶ 매콤하게 먹고 싶다면 청양고추의 양을 늘리고 핫 소스를 뿌려 먹어도 맛있어요.

냉장고 속 채소와 김치로 만드는
간단하지만 폼 나는 그라탱

김치그라탱

볶은 채소와 햄에 김치와 밥을 섞고 새우, 브로콜리, 모차렐라 치즈를 얹어
생크림을 넣고 굽는, 간단하지만 폼 나는 그라탱 요리예요.
밥과 김치를 볶을 필요가 없어서 간단하고 커다란 그릇에 담아 구우면
손님 초대 요리로도 손색이 없는 '완소' 그라탱 요리랍니다!

재료(3~4인분)
- 밥 3공기
- 냉장고 속 자투리 채소(당근, 피망, 버섯, 양파, 파프리카, 호박 등) 총 3줌
- 김치 1공기(가위를 이용해 자르면 편해요.)
- 냉동 칵테일 새우 10마리
- 햄 1줌 □ 브로콜리 1줌
- 모차렐라 치즈 3줌 □ 생크림 150ml
- 넛맥 약간 □ 식용유 적당량

넛맥(없으면 생략 가능)
육두구라는 열매를 말린 가루로 육류 요리의 풍미를 더하는 향신료예요. 육류, 도넛, 소스 등을 만들 때 소량 사용하면 좋답니다. 마트의 향신료 코너에서 구입할 수 있어요.

반찬이 필요 없는 맛있는 한 그릇 밥 **053**

볶지 않고
섞기만 해요

❶ 재료 썰기
각종 채소들과 햄, 김치를 볶음밥 재료처럼 썬다.
→ 재료를 큼직하게 썰어서 넣으면 좀 더 화려한 그라탱을 만들 수 있어요.

❷ 햄과 채소 볶기
팬에 기름을 두르고 햄과 채소들을 볶는다.
→ 수분을 날릴 정도로 가볍게!

❸ ②+밥, 김치 섞기
②에 밥과 잘라놓은 김치를 잘 섞는다.
→ 오븐에 구울 거라 볶을 필요는 없어요.

❹ 볶음밥 위에 새우, 브로콜리, 모차렐라 치즈 올리기
③을 그라탱 용기에 담고, 씻어서 해동한 새우와 브로콜리를 위쪽에
올린 후, 모차렐라 치즈를 고루 뿌린다.

❺ ④+생크림
④에 생크림을 골고루 뿌린다. 이때, 넛맥를 조금 넣으면
더 맛있는 그라탱을 만들 수 있다.
→ 생크림은 밥 1공기당 50ml 정도가 적당해요.

❻ 오븐에 굽기
240℃로 예열한 오븐에 20분 정도 굽는다.
→ 오븐은 제품마다 온도가 조금씩 다르기 때문에
윗부분이 노릇노릇하게 구워졌을 때 꺼내면 돼요.

윗부분이 노릇해질
때까지 구워요

맛있는 Tip
▶ 모차렐라 치즈와 함께 빵가루도 뿌리면
더욱 고급스러운 그라탱을 만들 수 있어요.

냉장고에 돌아다니는 버섯들을 모아 만드는
버섯덮밥

마트의 1+1 행사에 자주 등장하는 버섯.
건강에도 좋아 싼 맛에 사오지만 결국 물러서 버리는 경우가 많지요.
냉장고 속에서 잠자고 있는 버섯들을 모아서 버섯덮밥을 만들어보세요.
토마토케첩으로 소스를 만들어서 아이들도 잘 먹어요.

재료(3~4인분)
- ☐ 애느타리버섯 2줌 ☐ 팽이버섯 2줌
- ☐ 표고버섯 4개(양송이버섯, 새송이버섯 등 다양한 버섯을 활용해도 좋아요.)

소스
- ☐ 비프 스톡 1개(또는 치킨 스톡, 생략 가능)
- ☐ 토마토케첩 7큰술 ☐ 우스터 소스 5큰술
- ☐ 버터 3큰술 ☐ 밀가루 2큰술
- ☐ 설탕 ½큰술 ☐ 물 2컵

반찬이 필요 없는 맛있는 한 그릇 밥 **055**

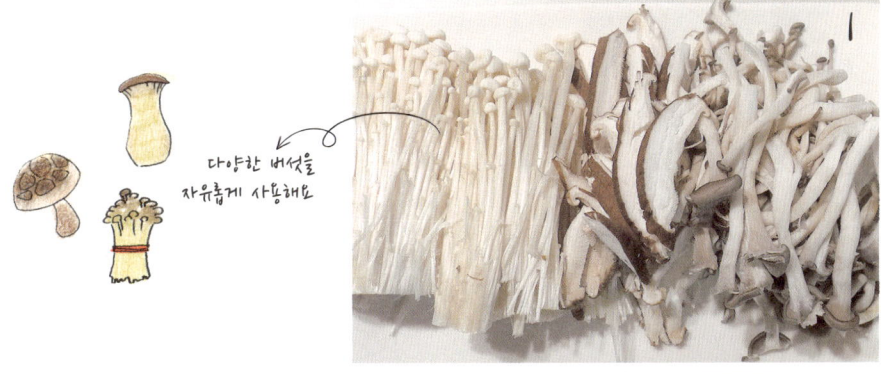

다양한 버섯을 자유롭게 사용해요

물은 조금씩 넣어가며 저어주세요.

❶ **재료 준비하기**
애느타리버섯은 손으로 잘게 뜯고, 팽이버섯은 아랫부분을 잘라낸다. 표고버섯은 얇게 썰어놓는다.

❷ **소스 만들기**
팬에 물을 제외한 소스 재료를 모두 넣고 약한 불에 올린 뒤 물을 조금씩 넣어가며 덩어리가 생기지 않게 저으며 끓인다.

❸ **소스 + 버섯**
②에 버섯들을 전부 넣는다.

❹ **끓이기**
버섯의 숨이 죽어 걸쭉해질 때까지 끓여 완성한다.
⋯➤ 처음에는 뻑뻑하지만 버섯에서 물이 생겨 걸쭉해져요.

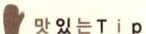 맛있는 Tip
▶ 버섯이 남았다면… 햄버그스테이크와 버섯소스(p.146), 버섯매운탕(p.114)
▶ 비프 스톡
　소뼈를 구워 채소와 함께 끓인 국물을 농축해 큐브 모양으로 만든것으로 갈색이 나는 소스에 사용해요. 대형 마트나 백화점에서 구입할 수 있고, 카레에도 조금 넣으면 깊은 맛을 낼 수 있어요.

고추장삼겹살구이를 올린 맛있는 한 그릇 밥!
삼겹살덮밥

고추장 양념을 한 삼겹살구이는 반찬으로 먹어도, 쌈을 싸서 먹어도 참 맛있지요.
이 고추장 양념 삼겹살을 밥, 채소와 함께 덮밥으로 만들어 먹으면 따로
먹을 때와는 다르게 고급스러운 퓨전 일식 요리 같은 느낌이 든답니다.

재료 (4~5인분)
- 밥 4공기
- 삼겹살 600g
- 상추 4줌
- 파채 3줌 (마트에 파는 파채를 쓰면 편해요.)

삼겹살 양념
- 고추장 3큰술
- 고춧가루·설탕 2큰술씩
- 간장·물엿 1큰술씩
- 다진 파 2큰술
- 다진 마늘 1큰술
- 다진 생강 ½큰술
- 양파 간 것 ½개 분량

약식 데리야키 소스
▶ 재료를 모두 섞어 전자레인지에 살짝 돌리세요.
- 간장·청주 4큰술씩
- 올리고당·물 4큰술씩

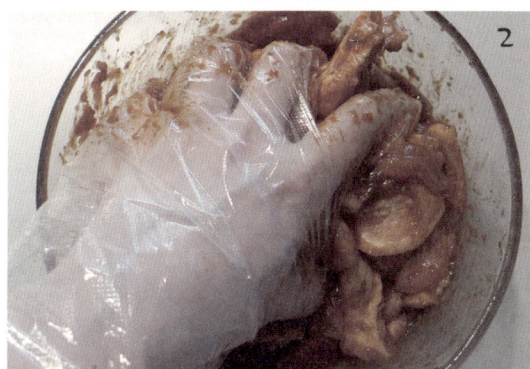

❶ **삼겹살 양념 만들기**
재료를 분량대로 섞어 삼겹살 양념을 만든다.

❷ **① + 삼겹살**
①의 양념이 삼겹살에 고루 배도록 충분히 주무른다.
→ 전날 미리 재워두면 더 좋지만 시간이 없다면 30분 정도 재우세요.

❸ **상추와 파채 손질하기**
상추는 적당하게 손으로 뜯고, 파는 채 썰어 매운맛이 빠지도록 찬물에 담가둔다.

❹ **삼겹살 굽기**
양념에 재워둔 삼겹살을 팬에서 구워 한입 크기로 썬다.

❺ **담기**
밥 위에 상추, 삼겹살, 파채를 올려 데리야키 소스와 같이 낸다.

파채를 물에 담가두면 매운맛이 빠져요

맛있는 Tip
▶ 데리야키 소스 대신 다음의 파무침 양념을 곁들여도 맛있어요.
〈파무침 양념〉 → 간장 1큰술 + 멸치액젓 1큰술 + 고춧가루 1큰술 + 참기름 1큰술 + 식초 1큰술 + 매실청 1큰술 + 설탕 ½큰술 + 마늘 ½큰술 + 깨소금 약간
▶ 제대로 된 데리야키 소스 만드는 법(p.36)

3가지 재료로 맛있는 김치볶음밥 만들기!
베이컨김치볶음밥

집에 김치만 있으면 이것저것 넣어서 만들어 먹을 수 있는 게 김치볶음밥이죠. 여러 가지를 넣어서 만들어봤지만 베이컨, 양파, 김치만 넣고 만든 김치볶음밥이 제일 맛있더군요. 우리 집 냉장고에는 베이컨김치볶음밥을 위한 베이컨이 항상 들어 있답니다.

재료(3~4인분)
- 베이컨 1봉지(125g)
- 큰 양파 ½개
- 김치 1공기(가위를 이용해 자르면 편해요.)
- 밥 3~4공기
- 들기름 2큰술
- 통깨 1큰술
- 소금·후춧가루 약간씩
- 달걀 3~4개
- 김가루 약간(김을 가스 불에 구워서 비닐에 담아 손으로 부숴요.)
- 식용유 적당량

반찬이 필요 없는 맛있는 한 그릇 밥 **059**

남은 김치볶음밥 활용하기

김치볶음밥을 넉넉하게 만들어두면 다양하게 활용할 수 있어요. 냉동실에 넣어두었다가 그라탱이나 브리토를 만들면 색다른 요리로 즐길 수 있는 김치볶음밥. 냉동실에 넣어둔 김치볶음밥은 보기만 해도 든든하답니다.

냉동실에 넣어 얼렸다가 전자레인지에 데워서 먹기
▶ 전자레인지 3분

냉동실에 넣을 때는 뜨거울 때 담아 뚜껑을 덮고 식혀서 얼려야 다시 데웠을 때 금방 만든 김치볶음밥처럼 된답니다.

김치볶음밥으로 그라탱 만들기
▶ 오븐 220℃ 15분 정도

김치볶음밥에 생크림을 조금 넣고 모차렐라 치즈를 올려 오븐에 구우면 폼나는 그라탱 완성!

김치볶음밥으로 브리토 만들기
▶ 오븐 200℃ 15분 정도

토르티아에 김치볶음밥과 슬라이스 치즈, 모차렐라 치즈를 넣고 말아서 오븐이나 팬에서 구우세요.

❶ **재료 썰기**
베이컨, 양파, 김치를 잘게 썬다.

❷ **양파, 김치, 베이컨 볶기**
팬에 기름을 두르고 양파를 볶다가 김치를 넣고 충분히 볶은 후 베이컨을 넣어 볶는다.

❸ **② + 밥 + 들기름, 통깨, 후춧가루, 소금**
②에 밥을 넣고, 들기름, 통깨, 후춧가루를 넣어 섞은 뒤 소금으로 간한다.
⋯▶ 참기름을 넣어도 되지만 김치볶음밥에는 역시 들기름이 맛있어요!

❹ **달걀프라이, 김 가루 올리기**
달걀을 반숙으로 프라이해서 올리고 김 가루를 뿌리면 더욱 먹음직스러운 김치볶음밥이 된다.

참치 통조림으로 만드는 맛있는 덮밥
고추참치덮밥

참치 통조림 중에 우리 집 아이들이 제일 좋아하는 게 고추참치예요. 급할 때 먹으려고 가끔 사놓는 고추참치를 일반 참치 통조림과 채소들을 이용해서 양도 푸짐하게, 간도 원하는 대로 만들어보세요. 냉장고 속 채소도 처리하면서 아주 맛있는 덮밥을 만들 수 있답니다.

재료(3~4인분)
- 통조림 참치 2캔(150g x 2)
- 양파 1개
- 새송이버섯 · 풋고추 2개씩
- 당근 ½개
- 물 200~250ml
- 식용유 적당량

양념
- 고추장 3큰술
- 물엿 2큰술
- 고춧가루 · 다진 마늘 1큰술씩
- 핫 소스 · 설탕 1큰술씩

반찬이 필요 없는 맛있는 한 그릇 밥 **061**

❶ 재료 준비하기
양파, 새송이버섯, 당근, 풋고추는 작게 썰고, 통조림 참치는 기름을 따라낸다.

❷ 채소 볶기
뚜껑이 있는 냄비에 기름을 넉넉하게 두르고 풋고추를 뺀 나머지 채소들을 충분히 볶는다.

❸ ② + 참치
②에 참치를 넣고 볶는다.

❹ ③ + 물 + 양념
③에 분량의 물을 넣고, 양념 재료를 모두 넣어 섞은 뒤 뚜껑을 덮고 끓인다. 끓어오르면 중약 불로 맞춰 채소가 완전히 익을 때까지 끓인다.

❺ ④ + 풋고추
마지막으로 풋고추를 넣어 완성한다.

뚜껑을 덮고 끓이세요.

풋고추는 가장 나중에!

🧤 **맛있는 Tip**
- 감자, 호박, 버섯 등 집에 있는 채소들을 이용하세요.
- 덮밥처럼 밥에 얹어 먹어도 되고, 삼각 김밥으로 만들어도 맛있어요.
- 참치 통조림으로 만드는 또 다른 요리 …참치샌드위치(p.202)

냉동 참치로 만드는 맛있는 회덮밥
참치회덮밥

소금물에 3분이면 해동되는 냉동 참치는 몇 가지 채소들과 초고추장만 있으면 근사한 회덮밥 한 그릇을 만들 수 있어요. 1만 원이 넘는 회덮밥 안에도 회는 얼마 들어 있지 않고 채소만 가득한데 한 그릇 값으로 회가 잔뜩 들어간 푸짐한 회덮밥을 만들어보세요.

재료 (2~3인분)
- ☐ 밥 2~3공기
- ☐ 냉동 참치 200g
- ☐ 상추, 깻잎, 양배추, 양파, 치커리, 무순 등 자투리 채소 적당량
- ☐ 참기름 약간

초고추장
- ☐ 고추장 4큰술
- ☐ 식초 3큰술
- ☐ 설탕 2큰술
- ☐ 매실청 1큰술
- ☐ 다진 마늘 ⅔큰술
- ☐ 통깨 ½큰술

❶ 초고추장 만들기
양념을 분량대로 섞어 초고추장을 만든다.
→ 설탕, 마늘의 양은 취향에 따라 조절하세요.

❷ 냉동 참치 해동하기
미지근한 물(1L)에 소금(2큰술)을 넣고 소금물을 만들어 참치를 3분 정도 담가 해동한 후 건져내 물기를 제거한다.

해동한 참치는 마른 행주나 종이타월로 물기를 없애요

❸ 재료 썰기
채소들을 적당한 크기로 썰고, 해동한 참치도 먹기 좋은 크기로 썬다.

❹ 담기
그릇에 밥을 담고 그 위에 각종 채소들과 참치회를 올린 뒤 참기름을 뿌려 초고추장과 곁들여 낸다.

맛있는 Tip
- ▶ 냉동 참치는 썰어놓은 것, 덩어리로 된 것, 한쪽 면만 익힌 것 등 종류가 다양해요. 해동법은 포장에 기재한 설명서를 참고하세요.
- ▶ 참치에 각종 채소를 섞어 초고추장에 무쳐 참치회무침을 만들어 먹어도 맛있어요.
- ▶ 곁들이면 좋은 국…미소시루(p.88)

쉽게 만드는 중국식 덮밥 요리
유산슬덮밥

중국 요리인 유산슬에 물을 조금 더 넣어 만든 덮밥 요리예요.
유산슬만 해서 놓으면 허전하지만 이렇게 덮밥으로 만들면
김치 하나만 있어도 너무나 훌륭한 한 끼 식사가 되지요.
대형 마트나 백화점에서 불린 해삼을 구입하면
불리는 수고도 필요 없이 간단하게 만들 수 있답니다.

재료(4인분)
- 밥 4공기
- 쇠고기 잡채용 100g(기름 없는 부위로)
- 건해삼 불린 것 100g(대형 마트나 백화점에서 구입할 수 있어요.)
- 작은 냉동 새우 100g
- 표고버섯 100g(약 3개) □ 팽이버섯 100g
- 대파 ½대 □ 식용유 2큰술

쇠고기 양념
- 간장·녹말·식용유 1큰술씩

소스
- 물 200ml □ 녹말 2큰술
- 참기름 1큰술
- 간장·굴소스 1작은술씩
- 치킨 스톡 1개

반찬이 필요 없는 맛있는 한 그릇 밥 **065**

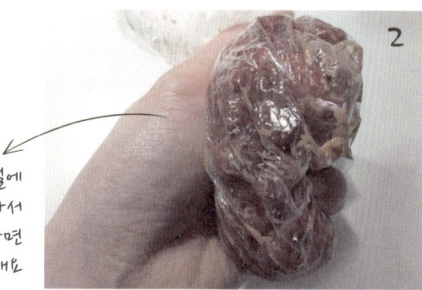

비닐에 담아서 양념하면 편해요

❶ 재료 준비하기
냉동 새우는 흐르는 물에 씻어 해동한다. 표고버섯은 얇게 슬라이스하고, 해삼도 표고버섯과 비슷한 크기로 썬다. 팽이버섯은 밑동을 잘라 준비하고, 파는 표고버섯 길이로 잘라 2등분한 후 채 썬다.

❷ 쇠고기 양념하고 볶기
양념 재료를 분량대로 섞어 만들어 쇠고기를 조물조물 양념한다. 팬을 살짝 연기가 날 정도로 기열한 후 불을 끄고 기름을 두른 뒤 쇠고기를 볶는다. 고기 엉긴 게 풀어지면 다시 불을 켜고 중간 불에서 익힌다.

❸ ② + 해삼, 새우, 표고버섯, 팽이버섯
파를 제외한 나머지 재료를 모두 넣고 볶는다.

❹ ③ + 파
③에 마지막으로 파를 넣어 볶는다.

❺ 소스 끓이기
분량의 소스 재료를 섞어 녹말이 엉기지 않도록 저어가며 끓인다.

❻ 끓는 소스 붓기
④에 ⑤의 끓는 소스를 부어 끓인다. 소스가 다시 끓어오르면 불을 끈다.

> **맛있는 Tip**
> ▶ 덮밥이 아닌 한 접시 요리로 만들려면 물을 150ml로 줄이세요
> ▶ 치킨 스톡
>   닭뼈, 당근, 양파, 셀러리 등으로 우려낸 육수를 건조해서 만든 것으로 비프 스톡보다 담백하답니다. 다양한 국물 요리에 쓰이고, 특히 중국 요리의 소스나 육수 등에 주로 많이 사용합니다. 탕수육(p.156)
> ▶ 곁들이기 좋은 중국식 오이김치…마라황과(p.173)
> ▶ 건해삼으로 만드는 또 다른 요리…잡탕밥(p.66)

중국 식당보다 푸짐하고 맛나는!
잡탕밥

중국 식당에서 시켜 먹는 잡탕밥은 가격에 비해 내용물이 부실해 아쉬운 적이 없어요~ 집에서 다양한 해물과 채소를 넣어 푸짐하게 만들면 호텔 중식당 부럽지 않은 잡탕밥을 만들 수 있답니다. 해물과 채소는 집에 있는 걸 최대한 이용하고 건해삼 불린 것과 초고버섯, 청경채를 넣으면 더욱 고급스럽게 만들 수 있어요. 연근을 넣으면 아삭아삭한 맛이 일품이랍니다.

재료(2인분)
- 건해삼 불린 것 100g(대형 마트나 백화점에서 구입할 수 있어요.)
- 냉동 칵테일 새우 10마리
- 연근 70g
- 통조림 초고버섯 6개
- 파프리카 ¼개 □ 청경채 2포기
- 대파 흰 부분 다진 것 2큰술
- 마늘 3톨 □ 청양고추 ½개
- 고추기름 2큰술

양념
- 물 100ml
- 굴소스·청주 2큰술씩
- 간장 1큰술 □ 설탕 1작은술
- 물녹말(녹말 2큰술 + 물 3큰술)

반찬이 필요 없는 맛있는 한 그릇 밥 **067**

❶ 재료 준비하기
불린 해삼은 큼직하게 썰고 새우는 흐르는 물에 씻어서 해동한다. 연근은 얇게 썰어 2~4등분한 후 끓는 물에 10분 정도 삶는다. 초고버섯은 2등분하고, 파프리카는 먹기 좋은 크기로 큼직하게 썰며, 청경채는 끝 부분만 잘라놓는다. 대파 흰 부분은 잘게 다지고, 마늘은 편으로 썰며, 청양고추는 어슷하게 썬다.

❷ 고추기름 + 파, 마늘, 청양고추
달군 팬에 고추기름을 두르고 파, 마늘, 청양고추를 넣어 매운 향이 나게 볶는다.

❸ ② + 해삼, 새우
②에 해삼과 새우를 넣고 센 불에서 볶는다.

❹ ③ + 연근, 초고버섯, 파프리카
③에 연근, 초고버섯, 파프리카를 넣어 볶는다.

❺ ④ + 양념
④에 물녹말을 제외한 양념을 모두 분량대로 넣고 바글바글 끓인다.

❻ ⑤ + 물녹말
녹말과 물을 분량대로 섞어 잘 푼 다음 ⑤의 팬의 가장자리로 한 스푼씩 넣고 잘 저어 소스가 걸쭉해지도록 한다.

❼ ⑥ + 청경채
마지막에 청경채를 넣고 소스와 섞는다. 청경채의 숨이 죽으면 완성!

녹말은 농도를 조절해가며 팬 가장자리로 조금씩 흘려 넣으세요

 맛있는 Tip
- 오징어, 조개, 관자, 홍합, 조갯살 등 다양한 해물을 이용해서 만들어보세요.
- 연근 대신 죽순을 많이 쓰기도 하는데 죽순보다 연근이 아삭아삭하고 훨씬 맛있어요.
- 남은 연근은 부침가루 반죽을 묻혀 구우면 좋아요.
- 초고버섯 통조림
  일명 총각버섯이라고도 하며 야들야들한 식감이 해물 같은 느낌이 드는 버섯이에요. 중국 식자재를 판매하는 곳에서 구입할 수 있답니다. 구입이 쉽진 않지만 가격도 저렴하고 누룽지탕 등 중국 요리에 정말 잘 어울려요. 없다면 표고버섯이나 양송이 등 다른 버섯을 사용하세요.

오므라이스 전문점보다 더 맛있는
오므라이스

채소와 햄 등을 넣고 볶음밥을 만들어 달걀지단에 감싸
토마토케첩을 뿌려 먹는 오므라이스.
5분만 더 투자해서 소스를 만들고 달걀에도 힘을 줘보세요.
오므라이스 전문점보다 더 맛있는 오므라이스를 만들 수 있답니다.

재료(3~4인분)
- 밥 3공기
- 다진 쇠고기 100g · 베이컨 50g
- 양파 ½개 · 양송이 4개
- 피망 · 파프리카 ½개씩

소스(일주일 정도 냉장 가능)
▶ 3~4큰술 : 볶음밥 간하기
▶ 나머지 + 물 ⅔컵 : 얹어 먹는 소스
- 토마토케첩 10큰술
- 우스터 소스 4큰술 · 버터 1큰술

달걀지단(1인분)
- 달걀 2개 · 우유 1 ½큰술
- 녹말 1작은술
- 소금 · 설탕 ½작은술씩 · 후춧가루 약간

❶ 재료 썰기
볶음밥에 들어갈 모든 재료를 적당한 크기로 썰어놓는다.

❷ 소스 만들기
작은 냄비에 분량의 소스 재료를 모두 넣어 약한 불에서 저으면서 끓인다.

❸ 재료 볶기 + 밥, 소스
양파 ⇨ 쇠고기 ⇨ 양송이 ⇨ 베이컨 ⇨ 피망과 파프리카 순으로 볶은 다음 밥과 소스(3~4큰술)를 넣고 잘 섞으며 볶는다.

❹ 달걀지단 만들기
분량의 지단 재료를 잘 섞은 뒤 달군 팬에 넓게 둘러 약한 불에서 익힌다.
⋯ 녹말이 가라앉지 않게 잘 섞으세요.

❺ 달걀지단에 볶음밥 싸기
지단이 반 정도 익으면 볶음밥을 가로로 길게 올린다.
달걀이 완전히 익기 전에 지단으로 밥을 감싼다.
⋯ 접시에 올릴 때는 팬을 기울여 접시에 바짝 붙여서 올린 후 손으로 예쁘게 모양을 잡으세요.

❻ 밥 위에 얹는 소스 만들기
볶음밥 간하고 남은 소스에 물(2/3컵)을 넣고 살짝 끓인 뒤 ⑤위에 얹어 낸다.

달걀지단이 익기 전에
밥을 올리고 감싸요

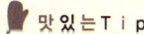

▶ 볶음밥을 넉넉하게 만들어 1인분씩 포장해 냉동했다가 전자레인지에 데워서 만들면 편해요.
뜨거울 때 용기에 담아 뚜껑을 덮고 식혀서 냉동실에 보관하면 다시 데워도 금방 한 것 같아요.
소스는 일주일간 냉장고에 보관 가능해요.
▶ 오므라이스를 활용한 또 다른 요리
⋯미니오므라이스(p.312)

아삭하고 맛있는 콩나물의 비결!
콩나물밥

전기밥솥이나 압력밥솥에 콩나물밥을 할 때 콩나물을 처음부터 넣으면 질겨지고, 물의 양을 조절하기도 쉽지 않아요. 이렇게 해보세요. 밥을 먼저 짓고 콩나물은 살짝 데쳐서 나중에 넣고, 다른 채소와 고기도 따로 넣는 거예요. 이렇게 하면 아삭한 콩나물밥을 먹을 수 있고, 물의 양을 고민하지 않아도 된답니다.

재료(4인분)
- 밥 4공기(고슬고슬하게 먼저 지어두세요.)
- 다진 쇠고기 100g □ 콩나물 1봉지(270g)
- 표고버섯 2개 □ 당근 ¼개
- 식용유 약간

쇠고기 밑간
- 참기름·다진 마늘 ½큰술씩
- 간장 ⅓큰술 □ 후춧가루 약간

양념 간장
- 간장 3큰술 □ 국간장 1큰술
- 물 2큰술 □ 다진 파 2큰술
- 다진 풋고추·다진 홍고추 ½개씩
- 다진 마늘·참기름 1큰술씩
- 설탕 1작은술 □ 통깨 ½큰술

반찬이 필요 없는 맛있는 한 그릇 밥 **071**

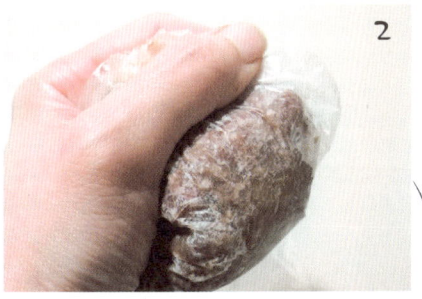

❶ 양념 간장 만들기
양념 재료를 모두 분량대로 섞어 양념 간장을 만든다.
⋯▶ 매콤한 양념 간장을 만들려면 풋고추나 홍고추 대신 청양고추를 넣으세요.

❷ 재료 준비하기
다진 쇠고기는 분량의 밑간 양념을 넣고 조물조물 밑간한다. 콩나물은 깨끗이 다듬어 씻어두고, 표고버섯과 당근은 가늘게 채 썬다.
⋯▶ 적은 양을 밑간할 때는 비닐봉투에 넣어 조물조물 양념하면 편리해요.

❸ 콩나물 데치기
충분한 양의 끓는 물에 콩나물을 넣고 3분 정도 데친 후 찬물에 헹궈 체에 받쳐놓는다.

❹ 재료 볶기
팬에 기름을 두르고 당근을 먼저 볶아 따로 담아놓는다.
그 팬에 다진 쇠고기를 볶다가 표고버섯을 넣어 같이 볶는다.
⋯▶ 다진 쇠고기는 덩어리지지 않게 풀어가며 고루 볶으세요.

❺ 밥 + 콩나물, 쇠고기, 표고버섯, 당근
따뜻한 밥에 콩나물, 쇠고기, 표고버섯, 당근을 넣고 주걱으로 고루 섞는다.

❻ 담기
콩나물밥을 그릇에 담고 양념 간장을 곁들여서 낸다.

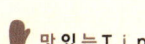 맛있는 Tip
▶ 불고깃감이나 돼지고기 등심 등을 양념해서 넣어도 맛있어요.

속 풀리는 따뜻하고 개운한 국밥
콩나물국밥

따끈한 국물이 생각날 때, 또는 남편 술 마신 다음날 해장국으로
정말 좋은 게 콩나물국밥이에요. 집에서도 콩나물국밥 전문점보다
더 맛있게 끓일 수 있답니다. 김치를 넣어 개운하게,
콩나물을 데쳐 넣어 아삭하게, 들깨가루를 넣어 구수하게,
뚝배기에 담아 뜨끈하게 끓여보세요!

재료(1인분)
- 밥 ⅔공기
- 멸치 육수 400ml ▶ 멸치 육수 끓이기(p.34)
- 콩나물 100g ☐ 김치 50g
- 대파 ½대 ☐ 홍고추 ½개
- 다진 마늘 ½큰술
- 들기름 1큰술
- 국간장 또는 새우젓 약간
- 들깨가루 1큰술 ☐ 달걀 1개
- 구운 김 ½장

❶ 콩나물, 김치 손질하기
콩나물은 깨끗이 씻고, 김치는 가위로 잘게 자른다. 콩나물은 끓는 물에 3분 정도 데쳐 찬물에 헹군 뒤 체에 밭쳐놓는다.
→ 콩나물은 살짝만 데쳐야 아삭아삭해요.

❷ 부재료 준비하기
파는 송송 썰고, 홍고추는 어슷하게 썬다. 김은 구워서 부숴놓는다.

❸ 김치 볶기 + 멸치 육수
뚝배기에 들기름을 두르고 김치를 넣어 달달 볶다가 멸치 육수를 넣고 끓인다.

❹ ③ + 밥, 데친 콩나물, 다진 마늘 + 파, 홍고추
멸치 육수가 끓으면 밥과 데친 콩나물, 다진 마늘을 넣고, 파와 홍고추를 올린다.

❺ 간 맞추기 + 들깨가루, 달걀
국간장이나 새우젓으로 간을 맞춘 다음 들깨가루를 넣고 달걀을 올린다.

❻ 김 가루 올리기
불에서 내리고 김 가루를 뿌려 완성한다.

맛있는 tip
- 단계가 많은 것 같지만 밥, 콩나물, 파, 홍고추, 들깨가루, 달걀을 넣고 간을 맞추는 과정이 거의 한꺼번에 이뤄져 실제 조리하는 데 드는 시간은 15분도 걸리지 않아요.
- 밥을 넣고 오래 끓이면 육수가 줄어들기 때문에 최대한 빨리 끓여야 해요.

김밥 재료가 남았을 때 만드는 맛있는 밥!
뚝배기알밥

김밥을 만들고 남은 김치, 햄, 단무지, 날치알 등을 뚝배기에 넣어
만드는 맛있는 알밥이에요. 햄과 단무지, 김치가 들어가서
따로 양념 간장을 만들지 않아도 되고, 톡톡 씹히는 날치알과
아삭한 단무지, 여러 가지 채소가 어울려
영양도 충분하고 맛도 좋답니다.

반찬이 필요 없는 맛있는 한 그릇 밥 075

재료(2인분)
- ☐ 밥 2공기
- ☐ 김치 1줌
- ☐ 햄 50g
- ☐ 양파·무순 약간씩
- ☐ 김밥용 단무지 2줄
- ☐ 날치알 2큰술(날치알은 미리 냉동실에서 꺼내 해동하세요.)
- ☐ 상추 4장
- ☐ 깻잎 3장
- ☐ 김 1장
- ☐ 레몬즙 또는 맛술 1작은술
- ☐ 참기름 1큰술

❶ 재료 준비하기
김치, 햄, 양파, 단무지는 잘게 썰고, 날치알은 레몬즙이나 맛술을 넣어 비린내를 제거한다. 상추와 깻잎은 1cm 폭으로 길쭉하게 썰고, 김은 가스불에 구운 뒤 비닐봉투에 담아 손으로 부숴놓는다.

❷ 김치와 햄 볶기
달군 뚝배기에 참기름을 넣고 김치를 충분히 볶은 후, 햄과 양파를 넣어 계속 볶는다.

참기름에 달달 볶아요

❸ ② + 밥
②에 밥을 넣고 볶는다.
··· 뚝배기 바닥에 볶음밥을 누르면 맛있는 누룽지도 먹을 수 있어요.

❹ 단무지, 상추, 깻잎, 김 가루, 날치알 올리기
불에서 내려 단무지, 상추, 깻잎, 김 가루를 올리고 맨 위에 날치알을 올려 낸다.
··· 뜨거운 뚝배기와 볶음밥의 잔열로 먹기 좋은 온도가 됩니다.

맛있는 Tip
- ▶ 1인용 뚝배기에 1인분씩 담아도 되고 큰 뚝배기에 만들어서 앞 접시에 각자 덜어 먹어도 좋아요.
- ▶ 김밥 재료 남았을 때 이것저것 넣고 만들기 정말 좋은 메뉴예요.
- ▶ 단무지로 만드는 또 다른 요리…마약김밥(p.304)
- ▶ 날치알로 만드는 또 다른 요리…샐러드김밥(p.298)

쇠고기로 만드는 맛있는 초밥!
쇠고기초밥

데리야키 소스와 단촛물로 만들 수 있는 간단하면서 맛있는 초밥이에요. 적은 양의 쇠고기로 만들 수 있고, 쇠고기를 구워서 올렸을 뿐이지만 꽤 그럴듯한 요리가 된답니다.

재료(2~3인분)
- 밥 2공기
- 단촛물 1~1½큰술 ▶ 단촛물 만들기(p.37)
- 쇠고기 구이용 200g
  ▶ 치맛살이나 부챗살 같은 얇게 썬 기름기 없는 부위로 준비!
- 채 썬 양파 ½개 분량
- 데리야키 소스 2~3큰술
  ▶ 데리야키 소스 만들기와 활용하기(p.36)
- 고추냉이(와사비) 적당량
- 식용유·소금·후춧가루 약간씩

반찬이 필요 없는 맛있는 한 그릇 밥 **077**

❶ **재료 준비하기**
적당량의 밥과 단촛물, 구이용 쇠고기, 채 썬 양파, 데리야키 소스, 고추냉이를 준비한다.

❷ **밥 + 단촛물**
밥에 단촛물을 넣어 섞은 다음 식혀둔다.
⋯→ 시판 제품 '스시노코'라는 가루 식초를 이용해도 됩니다.

❸ **쇠고기 굽기**
팬에 기름을 두르고 쇠고기에 소금, 후춧가루를 조금씩 뿌려 타지 않도록 굽는다.

❹ **초밥 만들기**
밥을 길쭉하게 뭉쳐 고추냉이를 올린 후 그 위에 구운 쇠고기와 양파를 올린다.

❺ **④ + 데리야키 소스**
초밥 위에 데리야키 소스를 적당히 뿌린다.

맛있는 Tip

▶ 단촛물 만들기
　식초(1컵)+설탕(4큰술)+소금(2큰술)+청주(2큰술)+다시마(적당량)+레몬(½개)을 모두 냄비에 담아 약한 불에서 가열하고 끓어오르면 불을 끈다. 식힌 후 다시마와 레몬을 건져 냉장고에 보관한다. 냉장고에서 6개월 이상 보관 가능하다.

호박잎과 양배추 속에
맛도 영양도 한가득!
쌈밥

호박잎과 양배추를 잘 쪄서 쌈장에만 싸 먹어도 밥 한 그릇이
뚝딱 없어지는 맛있는 쌈! 강된장을 끓여서 넣어 먹어도 맛있지만
간단하게 쌈장에 통조림 닭가슴살을 넣어 밥과 함께 예쁘게 싸놓으면
멋진 한 그릇 밥이 돼요. 기본 쌈장을 미리 만들어놓으면
바쁜 아침에도 별로 힘들이지 않고 준비할 수 있어서 정말 좋아요.

반찬이 필요 없는 맛있는 한 그릇 밥 **079**

재료(2인분)
- □ 밥 2공기
- □ 호박잎 12장(줄기를 꺾어서 잎 뒷면에 있는 심을 제거해야 부드러워요.)
- □ 양배추 4장(얇고 심이 없는 부분으로 뜯어 준비하세요.)

기본 쌈장
- □ 된장 5큰술
- □ 고추장·매실청·다진 마늘 2큰술씩
- □ 설탕·통깨 1큰술씩

닭가슴살 쌈장
- □ 기본 쌈장 4큰술
- □ 통조림 닭가슴살 1캔(135g)
- □ 들기름 1큰술

두께와 취향에 따라, 찌는 시간을 조절하세요.

❶ 호박잎, 양배추 찌기
김이 오른 찜통에 호박잎은 5~7분, 양배추는 10~20분 찐다. 같이 찌다가 호박잎을 먼저 꺼내고 양배추는 좀 더 찐다.
···› 양배추는 푹 익히려면 20분, 씹는 맛을 좋아하면 10분 정도 찌면 알맞아요.

❷ 쌈장 만들기
기본 쌈장 재료를 분량대로 섞어 쌈장을 만들고, 기본 쌈장에 통조림 닭가슴살과 들기름을 섞어서 닭가슴살 쌈장을 만든다.

❸ 쌈밥 싸기
적당한 크기로 자른 호박잎과 양배추에 밥과 쌈장을 올려 예쁘게 싼다.
···› 호박잎은 뒷면이 위로 오게 펼쳐서 쌈을 싸세요.

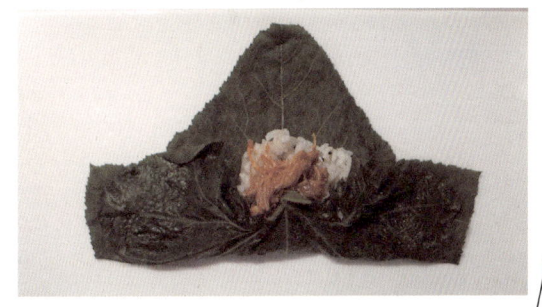

맛있는 Tip
- ▶ 기본 쌈장을 만들어두면 다양한 재료를 섞어서 견과류 쌈장, 두부 쌈장, 볶은 쇠고기 쌈장 등을 만들어 먹을 수 있어요. ···› 기본 쌈장 만들기와 활용하기(p.38)
- ▶ 양배추의 비릿한 맛이 싫을 경우 찔 때 레몬 몇 쪽을 넣으면 비릿함을 잡을 수 있어요.
- ▶ 쇠고기 쌈장을 넣어 만드는 또 다른 요리···쌈밥도시락 (p.316)

카레 전문점보다 더 맛있는 비결!
카레라이스

카레 전문점보다 더 맛있는 카레를 쉽게 만들 수 있는 팁을 알려드릴게요.
팁 하나! 양파를 많이 넣어 오래 볶으면 양파에서 단맛이 나와 카레가
더 맛있어집니다. 팁 둘! 찌개용으로 파는 싼 돼지고기를 사서 국간장, 마늘,
맛술로 밑간하여 구운 후 넣으면 쇠고기나 닭고기보다 부드럽고 맛있답니다.

재료(3~4인분)
- ☐ 카레 가루 3~4인분
- ☐ 돼지고기 200g(찌개용으로 썬 것을 구입하면 가격도 싸고 조리도 편해요.)
- ☐ 감자 3개 ☐ 양파 3개
- ☐ 물·식용유 적당량씩

돼지고기 밑간
- ☐ 다진 마늘 1큰술
- ☐ 국간장 1큰술 또는 참치액 간장 ⅔큰술
- ☐ 맛술 1큰술

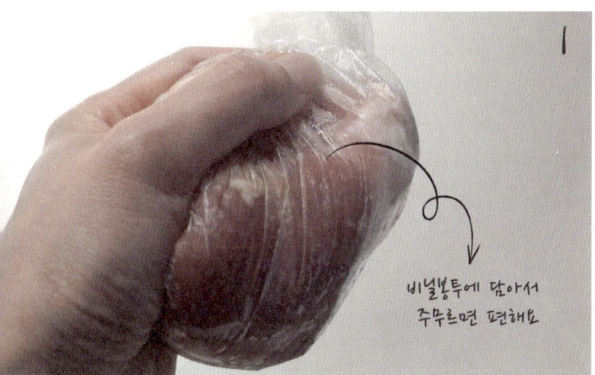

비닐봉투에 담아서
주무르면 편해요

❶ **돼지고기 밑간하기**
돼지고기를 분량의 재료로 조물조물 주물러 밑간한다.

❷ **감자, 양파 썰기**
감자는 큼직하게 썰고, 양파는 채 썬다.

❸ **양파와 감자 볶기**
달군 팬에 기름을 넉넉하게 두르고 양파를 갈색이 나도록 15분 정도 볶는다. 양파의 부피가 반으로 줄면 감자를 넣어 잠깐 볶는다.

❹ **돼지고기 굽기**
팬에 기름을 두르고 돼지고기를 육즙이 빠져나가지 않도록 살짝 굽는다.

❺ **③ + ④ + 물**
냄비에 볶은 양파와 감자, 구운 돼지고기를 담고 물을 자작하게 부은 뒤 뚜껑을 덮고 15분 정도 끓인다.

❻ **⑤ + 카레 가루**
감자가 익으면 카레가루를 넣고 저어가면서 걸쭉하게 끓인다.

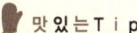

맛있는 Tip
▶ 양파는 더 많이 넣어도 좋아요.
▶ 카레에 고춧가루와 토마토소스를 조금 넣으면 더욱 맛있어요.
▶ 곁들이면 좋은 국…미소시루(p.88)

쇠고기와 각종 채소를 넣어 끓인 영양죽
쇠고기채소죽

식구들이 아플 때나 바쁜 아침에 식사로 내기 좋은 영양죽이에요.
쇠고기와 채소가 듬뿍 들어가 영양도 풍부하고 밥으로 끓이면 만드는 시간도
얼마 걸리지 않아요. 넉넉하게 끓여서 1인분씩 냉동실에 넣어두면 필요할 때
꺼내 먹을 수 있는 보험 같은 죽이랍니다.

재료(2인분)
- 밥 1공기
- 다진 쇠고기 50g
- 감자 ½개
- 양파 ⅛개
- 표고버섯 1개
- 당근 약간
- 물 4~5공기(밥 양의 4~5배를 넣어요.)
- 참기름 2큰술
- 국간장 2큰술
- 소금 약간

쇠고기 밑간
- 마늘·국간장·맛술 ½큰술씩

❶ 재료 준비하기
다진 쇠고기는 밑간 양념을 분량대로 넣어 조물조물 밑간하고, 모든 채소는 잘게 썬다.

❷ 재료 볶기
달군 팬에 참기름을 두르고 쇠고기를 볶다가 채소들을 모두 넣고 볶는다.
⋯ 다진 쇠고기가 덩어리지지 않도록 약한 불에서 볶다가 어느 정도 익으면 센 불에서 볶으세요.

❸ ② + 물 + 밥
②에 물을 넣고 끓으면 밥을 넣어 밥알이 퍼질 때까지 저으면서 끓인다.

❹ ③ + 국간장, 소금
밥알이 퍼지고 적당한 농도가 되면, 국간장을 넣고 나머지 간은 소금으로 맞춘다.

국간장을 많이 넣으면 죽 색깔이 너무 검게 되니 주의하세요

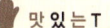 **맛있는 Tip**
- 집에 있는 채소들을 다양하게 이용해서 끓이세요.
- 냉동실에 얼릴 경우 원하는 농도보다 조금 묽게 만드세요. 얼면서 물기가 없어지거든요. 뜨거운 김만 살짝 빼서 뚜껑을 덮어 식힌 뒤 냉동실에 넣었다가 전자레인지에 데우면 금방 만든 죽 같아요.

시금치와 새우를 넣고 된장으로 간을 한 맛있는 죽
시금치된장죽

된장으로 간을 해서 시원하면서도 개운한 죽이에요.
시금치와 새우를 듬뿍 넣고 된장으로 간을 맞춰 한국인의 입맛에 잘 맞는
속 편한 죽이지요. 아침으로도 좋고, 술 마신 다음날 남편의 해장죽으로도 좋아요.
맑은 죽으로 드시려면 장류를 빼고 먹어도 맛있어요.

반찬이 필요 없는 맛있는 한 그릇 밥 **085**

재료 (2~3인분)
- 밥 1½공기
- 멸치 육수 800ml
  ▶ 멸치 육수 끓이기(p.34)
- 작은 냉동 새우 1줌
- 양파 ½개
- 데친 시금치 1줌(시금치는 큼직하게 썰어 넣는 게 보기에도 먹음직스러워 보여요.)
- 참기름 2큰술
- 된장 1~2큰술 + 고추장 약간(고추장을 넣으면 좀 더 개운한 맛이 나요.)
- 소금 약간

시금치는 미리 데쳐서 넣어요

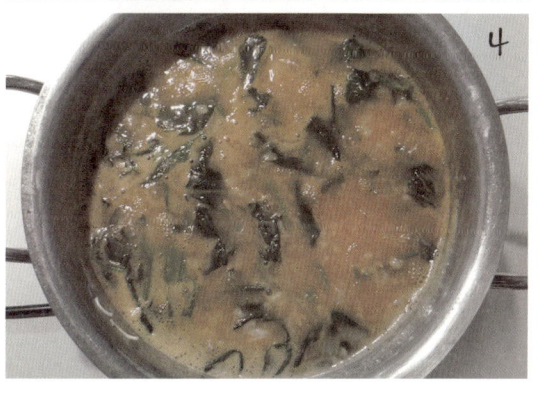

❶ 재료 준비하기
새우는 씻어서 해동하고, 양파는 잘게 썬다. 시금치는 살짝 데쳐 찬물에 헹군 후 뿌리 부분을 잘라내고 2등분한다.

❷ 양파 볶기 + 멸치 육수 + 밥
참기름을 두르고 양파를 볶다가 양파가 투명해지면 멸치 육수를 넣는다. 끓으면 밥을 넣고 밥알이 퍼질 때까지 끓인다.

❸ ② + 데친 시금치, 새우
밥알이 퍼지면 데친 시금치와 새우를 넣고 끓인다.

❹ 된장(+ 고추장)으로 간하기
된장을 넣고 간을 맞춘다. 이때 고추장을 조금 넣으면 좀 더 개운한 맛이 된다.

죽 전문점 인기 메뉴를 집에서!
낙지김치죽

담백하고 얼큰한 맛의 낙지김치죽은 죽 전문점의 인기 메뉴예요. 낙지를 듬뿍 넣고
물 대신 멸치 육수를 넣어서 속을 편안하게 해주어 해장죽으로도 아주 좋지요.
넉넉하게 끓여서 냉동실에 넣어두면 두고두고 유용하게 먹을 수 있어요.

재료 (60분)

- ☐ 불린 쌀 2컵
- ☐ 낙지 3마리
- ☐ 다진 김치 2컵
- ☐ 잘게 썬 부추 1줌
- ☐ 멸치 육수 10~12컵
  ▶ 멸치 육수 끓이기(p.34)
- ☐ 참기름 2큰술
- ☐ 소금 약간
- ☐ 김 가루 약간

❶ 재료 준비하기
낙지는 밀가루를 뿌리고 주물러 씻어 물에 헹군 후 적당한 크기로 썰고, 김치와 부추는 잘게 썬다.

❷ 참기름 + 불린 쌀 + 김치
냄비에 참기름을 두르고 쌀을 볶다가 투명해지면 김치를 넣어 충분히 볶는다.

❸ ② + 낙지
②에 낙지를 넣고 볶다가 멸치 육수를 붓고 중간중간 저어가며 끓인다.

❹ ③ + 부추 + 소금 + 김 가루
밥알이 퍼지면 부추를 넣고 소금으로 간을 한다. 먹기 직전에 김 가루를 뿌려 낸다.

낙지를 볶은 뒤 육수를 넣어요

맛있는 Tip

▶ 죽 끓일 때 물의 양
  밥으로 끓일 경우 : 밥 양의 4~5배
  쌀로 끓일 경우 : 불린 쌀의 5~6배

> 한 그릇 밥에 곁들이면 좋은 국

일본식 된장국
미소시루

일본 된장으로 끓이는 깔끔한 맛의 간단한 국이에요.
특히 덮밥류에 잘 어울린답니다.

재료(5~6인분)
- 물 5컵
- 다시마 10X10cm 1장(30분 정도 미리 불려두면 좋아요.)
- 가쓰오부시 1줌(10g)
- 표고버섯 2개
- 불린 미역 1줌
- 대파 약간

양념
▶ 미리 섞어주세요.
- 미소 된장 2큰술
- 청주 1큰술
- 다진 마늘 1작은술
- 혼다시 1작은술

가쓰오부시
가다랑어를 말려 대패 같은 도구로 얇게
깎은 것으로 국물을 내거나 우동, 볶음 요리에
고명으로 사용합니다.

❶ 육수 만들기
물에 다시마를 넣고 불에 올려 팔팔 끓으면
다시마를 건진다. 불을 끄고 가쓰오부시를
넣어 10초 정도 지난 뒤 건져낸다.

❷ 재료 썰기
표고버섯은 1X1cm 정도로 썰고, 미역은 잘게
썰며, 파는 송송 썬다.
··· 팽이버섯이나 두부를 넣어도 맛있어요.

❸ 양념 만들기
양념 재료를 분량대로 섞어 미리
만들어놓는다.

❹ 끓이기
끓는 육수에 표고버섯과 미역을 넣고
끓이다가 양념을 풀어 넣는다. 국물이 다시
끓어 오르면 파를 넣어 마무리한다.

간단하게 끓이는 개운한 국물~
김치콩나물국

김치를 넣고 끓여서 칼칼하면서 개운한 국이에요.
매콤한 국물이 기름진 볶음밥과 잘 어울린답니다.

재료(2인분)
- ☐ 멸치 육수 500ml ▶ 멸치 육수 끓이기(p.34)
- ☐ 콩나물 100g
- ☐ 김치 50g
- ☐ 대파 ½대
- ☐ 홍고추 ½개
- ☐ 참기름 1큰술
- ☐ 국간장 또는 새우젓 약간

❶ 재료 준비하기
콩나물은 깨끗이 다듬어 씻어 체에 밭쳐놓는다. 김치는 가위로 잘게 자르고, 파는 송송 썰며, 홍고추는 어슷 썬다.

❷ 김치 볶기
달군 팬에 참기름을 두르고 김치를 달달 볶다가 멸치 육수를 붓고 끓인다.

❸ ② + 콩나물
멸치 육수가 끓으면 콩나물을 넣고 뚜껑을 연 채로 3분 정도 끓인다.

❹ ③ + 홍고추, 파 + 간하기
콩나물이 익으면 홍고추와 파를 넣고 국간장이나 새우젓으로 간을 한다.

 맛있는 Tip
▶ 매콤하게 끓이려면 청양고추나 고춧가루를 넣으세요.

> 한 그릇 밥에 곁들이면 좋은 국

구수하게 끓이는 간단한 미역국
들깨미역국

들깨가루의 구수함이 매력적인 국이에요. 쇠고기로 국물을 낸 미역국보다 간단하게 끓일 수 있고, 매운 한 그릇 밥과 같이 먹으면 매운맛을 달랠 수 있어서 좋답니다.

재료(1인분)
- 쌀뜨물 250ml
- 미역 10g(미역은 10배 이상 불어나니 조금만 준비하세요.)
- 다진 마늘 1작은술
- 들기름 1큰술
- 들깨가루 1큰술
- 국간장·소금 약간씩

❶ 미역 불리기
미역은 30분 이상 불린 후 찬물에 여러 번 씻어 헹구고 나서 가위로 먹기 좋게 자른다.

❷ 끓이기
냄비에 들기름을 두르고 미역을 넣고 볶다가 쌀뜨물, 다진 마늘을 넣고 끓인다. 미역이 충분히 익으면 들깨가루를 넣고 국간장과 소금으로 간한다.

매콤하면서 새콤한 중국 수프
산라탕

산라탕(Hot & Sour Soup)은 이름 그대로 매콤하고 새콤한 맛의 중국 수프예요. 중국식 덮밥 요리에도 잘 어울리지만 간단하게 아침으로도, 해장용으로도 정말 좋은 중독성 있는 국물 요리랍니다.

재료(3~4인분)
- 물 800ml
- 치킨 스톡 1개
- 다진 쇠고기 70g
- 두부 160g
- 표고버섯 3개
- 홍고추 1개
- 쪽파 2대
- 고추기름 2큰술
- 다진 마늘 ½큰술
- 간장 2~3큰술
- 식초 2~3큰술씩
- 두반장 1~2큰술
- 설탕 1큰술
- 달걀 1개
- 물녹말(녹말 3큰술 + 물 5큰술)

❶ 재료 준비하기
표고버섯은 얇게, 두부는 새끼손가락 굵기로 길쭉하게, 홍고추와 쪽파는 송송 썬다.

❷ 끓이기
달군 냄비에 고추기름을 두르고 다진 마늘과 다진 쇠고기를 넣어 덩어리지지 않게 볶다가 물과 치킨 스톡을 넣고 끓인다. 국물이 끓으면 썰어놓은 표고버섯, 두부, 홍고추를 넣고 좀 더 끓인다.
… 물과 치킨 스톡 대신 닭 육수나 시판 치킨 브로스를 넣으면 더 좋아요.

❸ ② + 간장, 식초, 두반장, 설탕
②가 끓어오르면 분량의 간장, 식초, 두반장, 설탕을 넣는다.
… 양념은 취향에 따라 가감하세요. 새콤한 맛을 좋아하면 식초를 많이, 매콤하게 먹고 싶으면 두반장을 많이 넣으세요.

❹ ③ + 물녹말 + 달걀 + 쪽파
불을 약하게 줄이고 만들어둔 물녹말을 조금씩 넣어가며 저은 후 달걀을 풀어 넣어 덩어리지지 않도록 잘 젓는다. 마지막으로 썰어놓은 쪽파를 넣는다.

CHAPTER 02

밥상의 중심,
찌개 하나로 푸짐하게!
+ 같이 먹기 좋은 전 몇 가지

닭 한 마리로 온 가족이 즐기는 코스 요리!
닭한마리칼국수

닭 한 마리로 온 가족이 둘러 앉아 외식처럼 푸짐한 한 끼를 먹을 수 있는 요리예요. 닭고기는 소스에 찍어 먹고, 떡, 김치, 파, 감자 사리와 국물에 끓여 먹는 국수와 죽까지…. 닭은 미리 삶아놓고 소스만 만들어두면 끓이면서 먹을 수 있어서 만들기도 쉬워요. 동대문의 닭한마리 칼국수 골목이 부럽지 않은 최고의 국물 요리랍니다.

재료(3~4인분)
- 닭 1마리 1~1.2kg
- 대파 1대 □ 감자 2개 □ 김치 1공기
- 떡볶이 떡 20개 □ 다진 마늘 1큰술
- 칼국수 면 200g □ 밥 1공기 + 김 가루 약간
- 매운 양념 1~2큰술

닭 삶는 물
- 닭이 충분히 잠길 정도의 물
- 대파 1대 □ 마늘만 한 생강 3톨
- 마늘 5톨 □ 통후추 10알

소스
- 매운 양념 : 닭 육수 = 1 : 1로 섞어 놓고, 식초, 연겨자, 간장을 취향대로 넣어 만드세요.

❶ 닭 삶기
닭이 잠길 정도의 물을 붓고 대파, 마늘, 생강, 통후추를 넣어 30~40분 삶는다.

❷ 닭 육수 기름 제거하기
삶은 닭과 국물을 분리하고 국물을 걸러 차갑게 식혀 기름을 걷어낸다.
⋯▸ 미리 닭을 삶아 국물을 냉장고에 넣어 기름을 걷어내세요.

❸ 재료 준비하기
감자는 1cm 정도 두께로 썰고, 파는 길쭉하게 썬다. 김치는 먹기 좋은 크기로 썰어 국물을 짜놓는다.
⋯▸ 묵은김치보다 겉절이김치처럼 김치에 간이 덜 밴 김치가 좋아요.
　　김치 양념이 너무 많이 들어가면 국물에서 김치 맛이 너무 많이 난답니다.

❹ 닭, 육수 + 감자 + 대파
전골냄비에 닭과 육수, 감자, 대파를 넣고 육수가 끓으면 닭을 가위로 자른다.

❺ ④ + 떡볶이 떡, 김치 + 다진 마늘, 매운 양념
④에 떡볶이 떡과 김치를 넣고, 다진 마늘과 매운 양념을 넣어 간을 한다.

❻ 소스 만들고 끓이면서 먹기
매운 양념과 닭 육수를 동량으로 섞어놓고, 간장, 식초, 연겨자를 취향에 따라 적당히 섞어서 소스를 만들어 끓이면서 닭고기, 사리들을 소스에 찍어 먹는다. 다 먹고 남은 국물에 칼국수 면을 넣어 먹고, 밥과 김 가루를 넣어 죽을 끓여 먹는다.

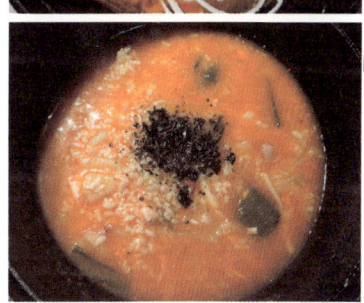

> **맛있는 Tip**
> ▶ 닭 육수는 소스를 만들 때, 국수나 죽을 끓일 때 육수가 줄면 보충해야 하기 때문에 넉넉하게 준비하세요.
> ▶ 간이 강한 김치를 넣으면 김치찌개처럼 될 수 있어요. 김치 국물은 짜서 넣고, 익은 김치보다 겉절이김치나 백김치가 좋아요.
> ▶ 매운 양념
> 3~4일 숙성시켜 먹으면 더 맛있어요.
> 넉넉하게 만들어서 다른 요리에 활용하세요(p.39).
> 고추장 4큰술, 고춧가루·다진 마늘 2큰술씩, 멸치액젓·맛술·국간장 2큰술씩, 혼다시 2작은술, 다진 생강 1작은술을 섞어 만들어요.

만두의 색다른 변신!
만두뚝배기

만두를 통으로 넣고 끓이는 만두전골이나 만둣국과 달리
만두를 잘라 속이 나오게 끓여 먹는 국물 요리예요.
매콤한 국물과 든든한 만두가 속까지 따끈하게 해준답니다.
냉면집이나 칼국수집에서 먹다 남겨서 포장해온 만두로 끓여 먹어도 맛있어요.

재료 (2인분)

- ☐ 평양식 만두 또는 김치만두 큰 것 4개
- ☐ 쇠고기 육수 600ml(양지머리나 사태로 준비하세요.)
- ☐ 김치 1줌 ☐ 팽이버섯 1줌
- ☐ 대파 ½대 ☐ 마늘 ½큰술
- ☐ 매운 양념 2~3큰술 ☐ 국간장 약간
- ☐ 식용유 약간

매운 양념

▶ 3~4일 숙성시켜 먹으면 더 맛있어요.
▶ 만두뚝배기에 2~3큰술 사용하고, 남은 양념은 다른 요리에 활용하세요(p.39).

- ☐ 고추장 4큰술
- ☐ 고춧가루 · 다진 마늘 2큰술씩
- ☐ 멸치액젓 · 맛술 · 국간장 2큰술씩
- ☐ 혼다시 2작은술 ☐ 다진 생강 1작은술

❶ 재료 준비하기
만두는 삶아서 준비하고, 팽이버섯은 밑동을 잘라내 2등분한다. 김치와 대파는 송송 썬다.
··▶ 만두를 삶을 때는 넉넉한 물에 5분 정도 삶으세요.

❷ 김치 볶기
뚝배기에 기름을 두르고 김치를 볶는다.

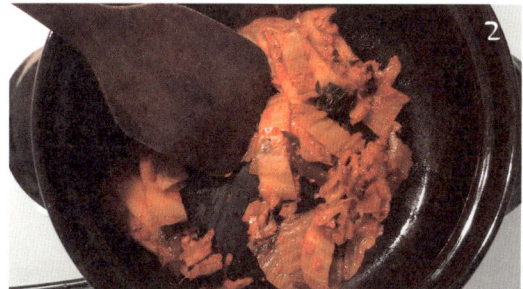

❸ ② + 육수 + 만두, 팽이버섯
②에 육수를 넣고 끓으면 만두와 팽이버섯을 넣고, 만두는 가위로 2~4등분해 넣는다.
··▶ 뚝배기에 넣은 채로 자르면 속이 빠지지 않아요.

❹ ③ + 매운 양념, 국간장
③이 끓으면 분량대로 만든 매운 양념을 넣고 국간장으로 간을 맞춘다.

❺ ④ + 대파
만두 속까지 국물에 배면 대파를 넣는다.

맛있는 Tip

▶ 양지머리나 사태로 쇠고기 육수 끓이기
덩어리로 된 양지머리나 사태 200g에 물 11컵 정도를 넣고 통마늘, 대파와 같이 40~50분 정도 끓인 후, 고기는 건져 손으로 찢어 넣어요. 약식으로 참기름에 썰어놓은 쇠고기를 볶다가 물을 붓고 끓여도 된답니다.
▶ 만두뚝배기를 끓이는 만두는 고기만두보다는 평양식 만두나 김치만두처럼 담백한 만두가 맛있어요.

코스 요리처럼 푸짐하게!
매운어묵탕

어묵 한 봉지, 가래떡 몇 개, 게 한 마리로 끓여 먹는 푸짐한 요리예요.
매콤한 간이 밴 어묵과 가래떡을 먼저 먹고, 깊은 맛이 나는 국물에 국수와
죽을 끓여 먹으면 온 가족이 고급스러운 코스 요리를 먹은 듯하답니다.

재료(3~4인분)
- 멸치 육수 1~1.2L ▶멸치 육수 끓이기(p.34).
- 사각 어묵 600g(12장)
- 가래떡(10cm 길이 8개)
- 게 1마리(저렴한 냉동 게를 구입하세요.)
- 대파 1대
- 칼국수 면이나 우동 면 적당량
- 밥 적당량 □ 김 가루 조금

양념장
- 고추장 5큰술 □ 고춧가루 1.5큰술
- 간장·다진 마늘 2큰술씩
- 설탕·물엿 1큰술씩

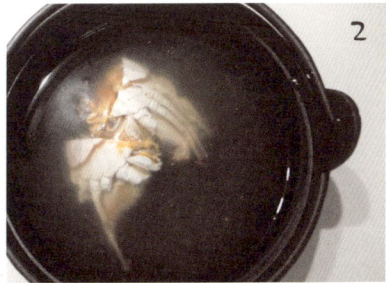

❶ 어묵, 가래떡 꼬치에 꽂기
사각 어묵은 주름을 잡아 꼬치 1개에 2개씩, 가래떡은 10cm 정도 길이로 잘라 꼬치에 꽂는다.
→ 냉동실의 떡은 쪄서 부드러운 상태로 넣으세요.

❷ 멸치 육수 + 게 + 양념
전골냄비에 멸치 육수와 2~4등분한 게를 넣고 끓인다. 끓어오르면 분량의 재료로 만든 양념장을 넣는다.
→ 양념은 취향에 따라 조절해서 넣으세요.

❸ ② + 어묵과 가래떡 + 대파
②에 꼬치에 낀 어묵과 가래떡을 넣고 양념이 잘 배도록 뒤집으며 끓인다. 어묵과 가래떡에 양념이 배면 큼직하게 썬 파를 넣는다.

❹ 국수와 죽 끓이기
어묵과 가래떡을 먹은 후 칼국수 면이나 우동 면을 넣어 끓여 먹은 다음 남은 국물에 밥과 김 가루를 넣어 죽을 끓여 먹는다.
→ 게 살을 발라 국물에 넣어서 끓이세요.

맛있는 Tip
- 멸치 육수는 국물이 줄어들 수 있으니까 넉넉하게 준비하세요.
- 생물 게는 가격이 비싸지만 냉동 게는 저렴하답니다.
- 코스처럼 즐기는 또 다른 요리…샤브샤브(p.168), 닭한마리칼국수(p.94)

집에서도 간단하게 만들어 먹을 수 있는
부대찌개

아이들이 좋아해서 종종 끓여 먹는 찌개 중에 하나가 부대찌개예요.
부대찌개 하나면 다른 반찬이 필요가 없어서 참 좋지요. 아이들은 집에서 먹는
부대찌개가 밖에서 먹는 것보다 훨씬 맛있다며 국물까지 박박 긁어 먹어요!

밥상의 중심, 찌개 하나로 푸짐하게! **101**

재료(3~4인분)
- □ 다진 쇠고기 50g ▶ 고기 고명 만든 게 있으면 사용하세요. 고기 고명 만들기(p.33)
- □ 프랑크 소시지 6개
- □ 베이컨과 각종 햄 적당량
- □ 김치 ½줌 □ 양파 ½개
- □ 대파 ½대 □ 떡국 떡 약간
- □ 멸치 육수 1L 이상 ▶ 멸치 육수 끓이기(p.34)
- □ 라면 사리 1~2개

쇠고기 밑간
- □ 국간장 ⅓큰술
- □ 청주 ½큰술

부대찌개 양념
- □ 멸치 액젓 · 고춧가루 · 다진 마늘 1큰술씩
- □ 고추장 ⅓큰술
- □ 다진 파 2큰술
- □ 라면스프 ¼~⅓봉지

뭉치지 않게 흐트러뜨리며 보슬보슬 볶아요

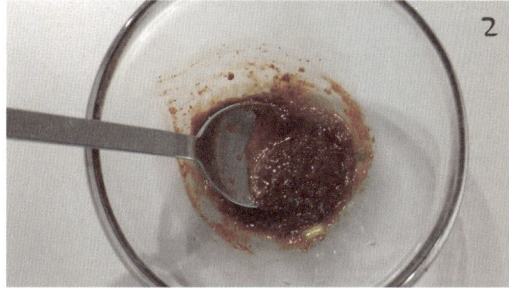

❶ **다진 쇠고기 볶기**
다진 쇠고기는 밑간 양념에 재웠다가 팬에 볶는다.

❷ **양념 만들기**
라면스프를 뺀 양념 재료를 분량대로 섞어 양념을 만든다.

❸ **재료 썰기**
프랑크 소시지는 어슷 썰고, 베이컨과 다른 햄들도 적당한 크기로 썬다. 김치는 가위로 잘게 자르고 양파는 채 썬다. 파는 송송 썬다.

❹ **모든 재료 + 멸치 육수 + 양념 + 라면스프**
전골냄비에 준비한 모든 재료를 담고 멸치 육수와 양념, 라면스프를 넣는다.

❺ **라면 사리 넣기**
핫 플레이드나 휴대용 가스레인지 위에 냄비를 올리고 끓여가며 먹는다. 국물이 끓으면 라면 사리를 넣고 중간에 멸치 육수와 양념이 부족하면 보충한다.

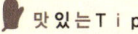 맛있는 Tip
▶ 부대찌개 양념 대신 매운 양념(p.39)을 써도 좋습니다.

덮밥처럼 먹을 수 있는 찌개
차돌된장찌개

차돌박이로 유명한 식당에서 점심 때 줄 서서 먹는다는 된장찌개를 먹고 난 후 너무 맛있어서 집에서 끓여 먹기 시작했어요. 집에서 재료 듬뿍 넣고 끓여 먹는 차돌된장찌개…. 특이하게 양배추를 듬뿍 넣고 끓인 된장찌개는 덮밥처럼 먹으면 김치 하나만 있어도 한 끼 식사가 된답니다.

재료(4인분)
- ☐ 멸치 육수 700ml ▶ 멸치 육수 끓이기(p.34)
- ☐ 차돌박이 150g
- ☐ 두부 160g
- ☐ 양배추 2줌
- ☐ 양파 ½개
- ☐ 표고버섯 3개
- ☐ 청양고추 ½개
- ☐ 대파 ½대
- ☐ 된장 3큰술

❶ 재료 썰기
두부는 도톰하고 납작하게 썬다. 양배추와 양파, 표고버섯은 채 썰고, 청양고추는 어슷 썰며, 파는 송송 썬다.

❷ 멸치 육수 + 양배추, 양파
멸치 육수를 끓이다가 양배추와 양파를 먼저 넣고 끓인다.

❸ ② + 두부, 표고버섯, 청양고추
②에 두부, 표고버섯, 청양고추를 넣고 계속 끓인다.

❹ ③ + 된장
채소가 모두 익으면 된장을 풀어 넣고 좀 더 끓인다.

❺ ④ + 차돌박이, 파
④에 차돌박이를 넣고 차돌박이가 익으면 파를 넣는다.

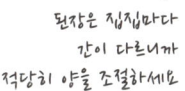

된장은 집집마다 간이 다르니까 적당히 양을 조절하세요

맛있는 Tip
▶ 양배추는 좀 많다 싶게 넣어도 익으면서 숨이 죽어 양이 줄어요.
▶ 감자나 호박 등 다른 채소를 더 넣어도 좋습니다.
▶ 보통 된장찌개보다 빡빡하게 끓여서 덮밥처럼 먹어도 맛있어요.

맛있는 순두부가 있다면…
차돌김치순두부

즉석에서 두부를 만들어 파는 가게에서 구입한 두부는 가격은 조금 비싸지만 훨씬 고소하고 맛있지요. 일반 순두부로 끓여도 맛있지만 즉석 두붓집에서 파는 순두부에 차돌박이와 김치를 넣어 끓이면 정말 맛있는 순두부찌개가 된답니다.

재료 (3~4인분)

- ☐ 순두부 600g
- ☐ 차돌박이 50g
- ☐ 김치 작게 1줌(50g)
- ☐ 대파 ½대
- ☐ 고춧가루 ½큰술
- ☐ 식용유 약간
- ☐ 멸치 육수 1컵 ▶ 멸치 육수 끓이기(p.34)
  (순두부에 국물이 많으면 조금만 넣거나
  넣지 않아도 돼요.)
- ☐ 가쓰오부시·국간장 약간씩

고추기름을 먼저 내세요

❶ 재료 준비하기
순두부는 국물과 함께 준비해둔다. 차돌박이와 김치는 잘게 썰고,
파는 송송 썬다.

❷ 차돌박이와 고춧가루 볶기
냄비에 기름을 두른 뒤 차돌박이와 고춧가루를 넣고 볶아
고추기름을 낸다.

❸ ② + 김치
②에 김치를 넣고 충분히 볶는다.

❹ ③ + 순두부
③에 순두부를 국물과 같이 넣고 자작해질 때까지 끓인다. 국물이
부족하면 멸치 육수로 보충한다.
⋯▸ 순두부 자체가 무르니 국물은 적당히 잠길 정도만 넣으세요.

❺ ④ + 파, 가쓰오부시
순두부가 끓어오르면 파와 가쓰오부시를 넣고 국간장으로 간한다.

순두부 국물을 함께
붓고 모자란 국물은
멸치 육수로 보충!

밥 한 그릇 뚝딱! 정말 맛있는…
청국장찌개

나이가 들수록 그 깊은 맛에 중독되는 청국장이에요. 청국장을 냉동실에 한 번 먹을 양씩 넣어두었다가 쌀뜨물에 차돌박이, 김치, 각종 채소와 두부를 넣고 끓이면 영양도 풍부하지만 맛이 끝내줘요! 별다른 반찬 없이도 밥에 쓱쓱 비벼 먹으면 밥 한 그릇이 뚝딱 사라진답니다.

밥상의 중심, 찌개 하나로 푸짐하게! **107**

재료(4인분)
- 쌀뜨물 600ml
- 차돌박이 · 김치 50g씩
- 두부 ½모
- 청양고추 · 홍고추 ½개씩
- 대파 ⅓대
- 다진 마늘 ½큰술
- 청국장 2~3큰술

차돌박이 밑간
- 간장 1큰술
- 다진 마늘 ⅓큰술
- 참기름 · 맛술 ½큰술씩
- 후춧가루 약간

→ 쌀뜨물은 두 번째, 세 번째 쌀 씻은 물을 쓰세요

❶ 재료 준비하기
차돌박이는 잘게 썰어 밑간 양념을 분량대로 넣고 주무른다.
두부는 도톰하고 납작하게 썰고, 김치는 잘게 썬다.
청양고추와 홍고추는 어슷하게, 파는 송송 썬다.

❷ 차돌박이와 김치 볶기
뚝배기에 차돌박이를 넣어 볶다가 김치를 넣고 충분히 볶는다.

❸ ② + 쌀뜨물
②에 쌀뜨물을 넣고 끓인다.

❹ ③ + 두부, 청양고추, 홍고추, 다진 마늘 + 청국장
③에 두부, 청양고추, 홍고추, 다진 마늘을 넣고 끓이다가
청국장을 풀어 넣는다.
⋯› 청국장은 집집마다 간이 다르니까 입맛에 맞춰 적당히 넣으세요.

❺ ④ + 파
마지막으로 파를 넣어 보글보글 끓는 상태로 낸다.

꽁치 통조림으로 끓이는 맛있는 찌개!
꽁치찌개

꽁치 통조림 한 통으로 10분 만에 완성할 수 있는 정말 맛있는 찌개예요. 통조림 꽁치라 손질이 필요 없고, 간단히 끓이는 찌개지만 어떤 생선찌개보다도 맛있답니다. 국물을 자작하게 끓여서 조림처럼 쌈을 싸 먹어도 맛있고, 국물을 넉넉하게 해서 먹어도 맛있어요.

재료(4인분)

- ☐ 통조림 꽁치 1캔(400g)
- ☐ 감자 ½개
- ☐ 양파 ½개
- ☐ 팽이버섯 1줌
- ☐ 표고버섯 1개
- ☐ 청양고추 1개
- ☐ 대파 ½대
- ☐ 통조림 국물 70ml(1캔에 들어 있는 국물의 반 정도 양이에요.)
- ☐ 물 70~100ml
- ☐ 국간장 약간

양념

- ☐ 다진 마늘 1큰술
- ☐ 고춧가루 ½큰술
- ☐ 맛술 1큰술

❶ 재료 준비하기
감자, 양파, 표고버섯은 적당히 먹기 좋게 썰고, 팽이버섯은 밑동을 잘라낸다. 청양고추는 어슷 썰고, 파는 송송 썬다. 꽁치 통조림 안의 국물은 버리지 말고 준비해둔다.

❷ 주재료 모두 넣고 끓이기
뚝배기나 냄비에 꽁치, 감자, 양파, 표고버섯, 청양고추를 담고 양념 재료를 모두 넣은 후 물과 통조림 국물을 넣고 끓인다.
⋯ 물과 통조림 국물의 양은 취향에 따라 조절해 넣으세요.

❸ ② + 파, 팽이버섯
채소가 다 익으면 마지막으로 파와 팽이버섯을 넣는다.
⋯ 간이 부족하다 싶으면 국간장으로 보충하세요.

물과 통조림 국물을 함께 넣고 끓여요

맛있는 Tip

- ▶ 통조림 국물은 어느 정도 간이 되어 있어서 별노로 간을 하지 않이도 맛있어요.
- ▶ 청양고추나 고춧가루는 취향에 따라 가감하고, 호박이나 버섯 등 자투리 채소들을 넣고 끓여도 맛있어요.
- ▶ 김치를 넣고 김치꽁치찌개를 끓여도 맛있답니다. 이때, 김치를 먼저 넣고 끓이고 통조림 국물 양을 줄여야 짜지 않아요.
- ▶ 꽁치 통조림으로 만드는 또 다른 요리⋯데리야키꽁치조림(p.116)

돼지갈비와 가래떡을 넣어 푸짐하게!
김치찜

냉장고에서 너무 익어버려 맛없게 된 겉절이김치를 버릴 각오로 돼지갈비를 넣고 만들어본 김치찜이 너무 맛있어서 우리 집 '완소' 메뉴가 되었답니다. 그 뒤로 일부러 김치찜용 겉절이를 따로 담을 정도예요. 일반 김치로는 김치찜이 너무 짜게 되는데 약간 달달하고 싱겁게 담은 겉절이김치를 익혀서 만들면 김치찜 전문점보다 훨씬 맛있답니다.

밥상의 중심. 찌개 하나로 푸짐하게! **111**

재료 (3~4인분)
- ☐ 돼지갈비 500g (돼지갈비는 찬물에 30분 ~1시간 정도 담가 핏물을 제거하세요.)
- ☐ 익은 겉절이김치 700g (없다면 일반 김치나 묵은 김치도 좋아요.)
- ☐ 대파 2대
- ☐ 가래떡 1~2컵 (냉동실에 넣어둔 가래떡은 찜통에 찐 뒤 넣어야 속까지 말랑말랑해요.)
- ☐ 물 적당량
- ☐ 맛술 1큰술

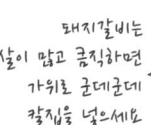

돼지갈비는 살이 많고 큼직하면 가위로 군데군데 칼집을 넣으세요.

❶ 재료 준비하기
핏물을 제거한 돼지갈비에 맛술을 뿌려 조물조물 해두고, 겉절이김치는 자르지 않고 그대로 준비한다. 대파와 가래떡은 큼직하게 썬다.

❷ 돼지갈비 + 김치 + 물
냄비에 돼지갈비를 넣고, 그 위에 김치를 얹은 후 물을 자작하게 붓는다.

❸ ② + 대파
센 불로 끓이다가 끓으면 중약 불로 줄여 30~40분 끓인다. 김치가 푹 익으면 대파를 넣고 20분 정도 더 끓인다.

❹ ③ + 가래떡
마지막으로 가래떡을 넣고 한소끔 끓이면 완성!

맛있는 Tip
- ▶ 돼지갈비를 넉넉하게 넣고 끓이는 거라 멸치 육수를 넣지 않아도 맛있어요.
- ▶ 익은 겉절이김치로 끓이면 제일 맛있지만 없다면 김치를 넣을 때 김칫국물을 살짝 짜내고 끓여야 짜지 않게 만들 수 있어요.

감자와 돼지고기로 끓이는 매콤한 찌개
감자고추장찌개

매콤한 국물이 먹고 싶은 날 끓여 먹기 좋은 찌개예요. 된장찌개 재료에 돼지고기 조금만 있으면 정말 맛있는 찌개를 끓일 수 있어요. 고기와 채소들이 푸짐해서 다른 반찬이 없어도 밥 한 그릇은 뚝딱 해치울 수 있답니다.

재료(4인분)
- 멸치 육수 500ml ▶ 멸치 육수 끓이기(p.34)
- 돼지 목살 150g □ 두부 ¼모
- 감자 1개 □ 양파 ½개
- 표고버섯 2개 □ 호박 ¼개
- 청양고추 ½개 □ 대파 ½대
- 고추장 1 ½큰술
- 식용유 · 국간장 약간씩

돼지목살 밑간
- 국간장 ½큰술 □ 맛술 1큰술
- 다진 마늘 1큰술

고기를 먼저 볶으세요

❶ 재료 준비하기
돼지 목살은 밑간 양념을 분량대로 넣어 조물조물 밑간해두고, 두부와 채소는 모두 먹기 좋은 크기로 썬다. 청양고추는 어슷 썰고, 파는 송송 썬다.

❷ 돼지고기 볶기
냄비에 기름을 두르고 밑간한 돼지고기를 넣어 볶는다.

❸ ② + 멸치 육수, 감자, 양파
볶은 돼지고기에 멸치 육수와 감자, 양파를 넣고 끓인다.

❹ ③ + 채소, 두부 + 고추장
국물이 끓으면 파를 제외한 모든 채소와 두부를 넣고, 고추장을 풀어 넣는다.

❺ ④ + 국간장 + 파
채소들이 다 익으면 국간장으로 간을 맞춘 뒤 파를 넣는다.

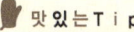 맛있는 Tip
- 고추장 대신 매운 양념(p.39)을 넣어도 아주 맛있어요.
- 양념이 푹 밴 찌개를 좋아한다면 재료들을 큼직하게 썰어서 오랜 시간 끓여 먹어도 좋습니다.
- 당면 사리를 넣어도 맛있어요.

몸에 좋은 버섯을 듬뿍!
버섯매운탕

표고버섯, 느타리버섯, 팽이버섯, 양송이버섯 등 집에 있는 버섯들을 듬뿍 넣고 끓이는 매콤한 찌개예요. 찌개처럼 끓여서 먹어도 좋고, 전골처럼 끓이면서 먹어도 맛있답니다. 전골처럼 먹을 때는 우동이나 국수 사리도 넣어서 드세요.

재료 (4인분)

- ☐ 멸치 육수 500ml ▶ 멸치 육수 끓이기(p.00)
- ☐ 표고버섯 3개 ☐ 냉동 유부 3장
- ☐ 애느타리버섯 · 팽이버섯 1줌씩
- ☐ 청양고추 · 홍고추 1개씩
- ☐ 대파 ½대 ☐ 다진 마늘 ½큰술

매운 양념

- ▶ 3~4일 숙성시켜 먹으면 더 맛있어요.
- ▶ 매운탕에 2~3큰술 사용하고, 남은 양념은 다른 요리에 활용해요(p.39)
- ☐ 고추장 4큰술
- ☐ 고춧가루 · 다진 마늘 2큰술씩
- ☐ 액젓 · 맛술 · 국간장 2큰술씩
- ☐ 다진 생강 · 혼다시 1작은술씩

다양한 버섯을 활용하세요

❶ 재료 준비하기
표고버섯은 채 썰고, 애느타리버섯은 손으로 찢어놓으며, 팽이버섯은 뿌리 부분을 잘라낸다. 청양고추와 홍고추는 어슷하게 썰고, 파는 송송 썰며, 냉동 유부는 3등분한다.

❷ 매운 양념 만들기
재료를 분량대로 섞어 매운 양념을 만든다. 미리 만들어 3~4일 숙성시키면 더 좋다.
⋯ 넉넉하게 만들어서 다양한 국물 요리에 이용하면 좋아요.

❸ 멸치 육수 + 버섯, 고추 + 양념장, 마늘
멸치 육수에 각종 버섯과 청양고추, 홍고추를 넣고, 양념장(2~3큰술), 다진 마늘을 넣어 끓인다.
⋯ 육수가 적은 것 같지만 버섯은 끓으면 부피가 줄어든답니다.

❹ ③ + 냉동 유부, 파
버섯의 숨이 죽으면 냉동 유부와 파를 넣고 좀 더 끓인다.

맛있는 Tip
- ▶ 양념장이나 청양고추의 양은 취향에 따라 조절하세요.
- ▶ 전골처럼 끓이면서 먹어도 좋아요.

꽁치통조림으로 만드는 밥반찬!
데리야키꽁치조림

꽁치통조림과 데리야키 소스로 만들 수 있는 맛있는 밥반찬이예요.
통조림으로 만드는 거라 금방 조리할 수 있지만 맛은 정말 훌륭하답니다.

재료(4인분)
- ☐ 꽁치 통조림 1통(400g)
- ☐ 양파 ½개
- ☐ 청양고추 ½개
- ☐ 마늘 2톨
- ☐ 물녹말(녹말 ½큰술 + 물1큰술)

조림 소스
- ☐ 데리야키 소스 6큰술
- ☐ 물 3큰술
- ☐ 꽁치 통조림 국물 2큰술

❶ 재료 준비
마늘은 편으로, 청양고추는 어슷하게, 양파는 먹기 좋은 크기로 썬다. 꽁치 통조림의 국물(2큰술)는 버리지 말고 따로 담아놓는다.

❷ 채소 볶기
냄비에 기름을 두르고 마늘, 청양고추, 양파를 볶는다.

❸ ② + 꽁치 + 조림 소스
②에 꽁치와 분량의 조림 소스 재료를 넣고 고루 간이 배어들게 뒤적이며 졸인다.

❹ ③ + 물녹말
국물이 자작하게 남으면 물녹말을 넣어 걸쭉하게 만든다.
… 국물이 졸아서 남아 있지 않다면 물녹말은 넣지 마세요.

맛있는 Tip
▶ 통조림으로 만드는 또 다른 요리…꽁치찌개(p.108)

고등어만큼 무도 맛있는
고등어무조림

고등어조림을 맛있게 하는 식당들은 하나같이 안에 든 무가 정말 맛있어요. 양념이 잘 밴 무는 고등어만큼이나 맛있는데요, 비법은 바로 무를 먼저 삶는 것! 삶은 무와 함께 고등어와 다른 채소들을 넣고 조리면 무가 푹 잘 익어서 맛있고, 고등어는 오래 끓이지 않아서 살이 부드럽답니다.

재료(3~4인분)
- 고등어 큰 것 1마리
- 무 200g
- 양파 ½개 깻잎 5장
- 청양고추 2개 홍고추 1개
- 대파 1대

양념장
- 간장 5큰술
- 고춧가루 2큰술
- 맛술 3큰술
- 다진 파 2큰술 다진 마늘 1큰술
- 설탕 ½큰술
- 다진 생강 ⅓작은술
- 물 100ml(무 삶은 물을 이용하면 좋아요.)

❶ 고등어와 채소 준비하기
고등어는 내장을 빼고 조림하기 좋도록 어슷하게 토막 낸다. 무는 0.7cm 두께로 납작하고 네모나게 썰고, 양파와 깻잎은 1cm 정도 두께로 썬다. 청양고추와 홍고추는 어슷하게 썰고, 대파는 반은 다져놓고 반은 송송 썬다.

❷ 무 삶기
찌개를 끓일 냄비에 납작하게 썬 무를 넣고 물을 자작하게 부어 10~15분 삶는다.
⋯▶ 무 삶은 물은 버리지 말고 양념장 만들 때 활용하세요.

❸ 양념장 만들기
재료를 분량대로 섞어 양념장을 만든다.

❹ 무 + 양파, 고등어 + 양념장
삶은 무 위에 양파와 고등어를 얹은 뒤 양념장을 끼얹어 10분 정도 끓인다. 처음에는 센 불로 익히고, 끓기 시작하면 중간 불로 줄여 뭉근하게 익힌다.
⋯▶ 중간중간 뒤적여 고루 익게 하세요.

❺ ❹ + 청양고추, 홍고추, 깻잎 + 파
10분 정도 끓인 후 청양고추, 홍고추, 깻잎을 넣고 5분 정도 국물을 끼얹어가며 조린 다음 마지막으로 파를 넣어 완성한다

중간중간
국물을 끼얹으며 조려요

> **맛있는 Tip**
> ▶ 무를 먼저 삶아서 넣고 조리면 바닥에 잘 늘어붙지 않고, 무와 고등어 둘 다 맛있게 먹을 수 있어요.
> ▶ 깻잎을 넣으면 비린내도 잡고 깻잎 특유의 향이 고등어무조림을 더욱 맛있게 만드니까 꼭 넣으세요.

같이 먹기 좋은 전 몇 가지

부추, 새우, 고추를 넣은
맛있는 부침개

부추부침개

한 단을 사면 항상 남아서 처치 곤란인 경우가 많은 부추에 새우와 양파, 고추를 넣어 만드는 맛있는 부침개예요. 알싸한 부추와 매콤한 고추, 탱글탱글한 새우살이 맛도 있고, 영양도 훌륭한 부침개랍니다.

재료(3장 분량)
- 부추 2줌(80g)
- 작은 냉동새우 1줌(80g)
- 양파 ½개 □ 청양고추 2개
- 홍고추 1개
- 물 ¾컵
- 부침 가루 1컵(없으면 밀가루로 대신하고 소금을 조금 넣으세요.)
- 달걀 1개
- 식용유 적당량

❶ **재료 썰기**
부추는 4~5cm 길이로 썰고, 양파는 가늘게 채 썬다. 청양고추와 홍고추는 잘게 송송 썰고, 새우는 씻어서 해동한 뒤 3~4등분한다.

❷ **① + 물, 부침 가루, 달걀**
볼에 ①의 썰어놓은 재료들을 모두 넣고 물, 부침 가루, 달걀을 넣어 잘 반죽한다.

❸ **굽기**
달군 팬에 기름을 넉넉하게 두르고 ②의 반죽을 국자로 가득 떠 올려 앞뒤로 노릇하게 부친다.

🧤 **맛있는 Tip**
- 많은 양을 만들 때는 부침가루와 물을 먼저 푼 후 재료를 넣으세요.
- 전으로 작게 만들 때는 재료들을 좀 더 작게 썰고 새우는 통으로 올려도 좋아요.

강판에 갈아서
또는 믹서에 갈아서...

감자전

입맛 당기는 반찬거리 뭐 없을까 고민될 때 종종 부쳐 먹는 게 감자전이에요. 집에 감자 떨어질 날은 별로 없으니 이런저런 재료 없이도 뚝딱 만들 수 있는 효자 반찬이지요.
감자전은 강판에 갈아서 만들면 쫀득쫀득 더 맛있지만 급할 때, 힘들 때는 믹서를 이용해도 좋아요.

재료(2~3장)
☐ 감자 4~6개
☐ 양파 ½개(감자의 갈변을 막아줘요.)
☐ 식용유 적당량
☐ 소금 약간

❶ 감자, 양파 갈기
감자와 양파를 믹서나 강판에 갈아 체에 밭친 뒤 주걱으로 꾹꾹 누른다.

❷ 감자 앙금 가라앉히기
체 아래로 나온 물을 1시간 정도 그대로 두어 앙금을 가라앉힌다.

❸ ① + 앙금, 소금
체에 거른 감자와 ②에서 가라앉은 앙금, 소금을 섞어 반죽한다.

❹ 굽기
달군 팬에 기름을 넉넉히 두르고 ③의 반죽을 적당한 크기로 올려 부친다.

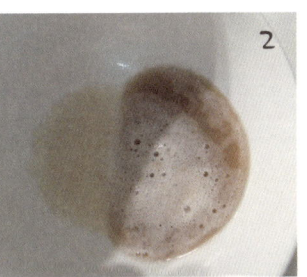

 맛있는 Tip
▶ 앙금을 가라앉히고 따라낸 웃물은 버리지 말고 드세요. 위에 아주 좋다네요.

| 같이 먹기 좋은 전 몇 가지

메밀 부침 가루와 김치로 만드는
메밀전

시판하는 메밀 부침가루로 반죽하고, 김치를 물에 헹궈 얹어 부치기만 하면 되는 간단한 부침개예요. 매콤한 찌개나 국수에 특히 잘 어울린답니다. 담백한 맛에 자꾸 손이 가지요. 메밀전 속에 두부와 김치를 버무려 넣어서 말아 메일 전병으로 먹어도 맛있어요.

재료(6장)
- 메밀 부침가루 1컵
- 물 1 ½컵(메밀의 함량에 따라 물의 양은 달라질 수 있어요.)
- 소금 약간
- 김치(배춧잎 6장)
- 식용유 적당량

❶ 반죽하기
메밀 부침가루에 물과 소금을 조금씩 넣으면서 충분히 저어 반죽을 만든다.

❷ 김치 준비하기
김치는 얇은 잎 부분을 손바닥만 한 크기로 잘라 물에 헹궈 물기를 꼭 짠다.

❸ 부치기
달군 팬에 기름을 넉넉히 두르고 ①의 반죽을 적당한 크기로 올린 뒤 ②의 김치를 1장씩 올려 부친다.

충분히 저어 곱게 반죽해요

먹기 좋은 크기로 얇게 부치세요

김치와 해물을 넣어 맛있게!
김치부침개

집에 있는 김치에 해물을 넣어서 만드는 만만한 부침개예요. 밀가루와 물의 비율만 맞추어 김치와 집에 있는 채소, 해물들을 적당하게 이용해서 만들면 된답니다. 해물이 없으면 김치와 채소만 넣어 부쳐도 너무 맛있어요.

재료(2~3장)
- ☐ 김치 200g(크게 2줌)
- ☐ 오징어 등 해물 100g(크게 1줌)
   (오징어, 홍합, 관자 등이 잘 어울려요.)
- ☐ 청양고추 1~2개 ☐ 양파 ¼개
- ☐ 대파 1대 ☐ 달걀 1개
- ☐ 밀가루 중력분 또는 부침가루 1컵
- ☐ 찹쌀가루 또는 튀김가루 3큰술
   (없으면 밀가루나 부침가루)
- ☐ 김칫국물 ¼컵
- ☐ 물 1컵 ☐ 식용유 약간

❶ 재료 썰기
김치, 해물은 적당한 크기로 썰고, 파와 청양고추, 양파는 송송 썬다.

❷ ① + 달걀, 밀가루, 찹쌀가루, 김칫국물, 물
썰어놓은 재료에 달걀, 밀가루, 찹쌀가루, 김칫국물, 물을 넣고 잘 젓는다.
··▶ 찹쌀가루나 튀김가루를 넣으면 더 쫀득거리게 만들 수 있어요.

❸ 굽기
기름을 넉넉하게 두른 팬에 반죽을 넓게 펼쳐 굽는다.
··▶ 버터를 기름과 같이 녹여 구우면 더 맛있는 김치부침개를 만들 수 있어요.

맛있는 Tip
▶ 많은 양을 만들 때는 밀가루, 찹쌀가루와 물을 먼지 푼 후 재료를 넣으세요.
▶ 바삭바삭한 김치부침개를 만들고 싶으면 얇게 부치세요.

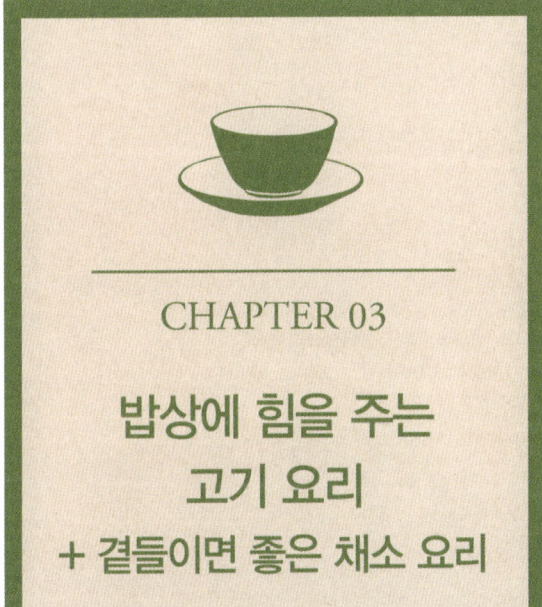

CHAPTER 03

밥상에 힘을 주는
고기 요리
+ 곁들이면 좋은 채소 요리

돈가스용 고기로 만드는 맛있는 돼지고기 요리
포크찹

돈가스용으로 파는 저렴한 돼지고기로 만들 수 있는 맛있는 고기 요리예요. 이태원에 유명한 부대찌개집에서 파는 포크찹을 먹어보고 집에서 만들어 먹기 시작했는데, 그 집 못지않게 부드럽고 소스도 맛있어요. 그래서 요즘은 돈가스용 고기로 돈가스 대신 포크찹을 더 많이 해먹는답니다.

재료(3~4인분)
- 돈가스용 돼지고기 500g(중간중간 칼집을 넣어 오그라들지 않게 하세요.)
- 밀가루 적당량(돼지고기에 입힐 정도)
- 식용유 적당량

돼지고기 밑간
- 소금·후춧가루 약간씩
- 레드 와인 2큰술

소스
- 우스터 소스 2큰술 □ 고추장 2큰술
- 다진 마늘 1큰술 □ 다진 양파 ½개
- 토마토케첩 ⅔컵
- 식초 1큰술 □ 설탕 1~2큰술
- 물 1컵
- 월계수 잎 2개
- 식용유 적당량

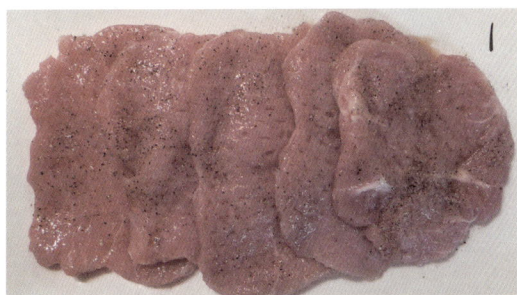

❶ **돼지고기 밑간하기**
돼지고기에 소금, 후춧가루를 골고루 뿌린 뒤 레드 와인을 뿌려 30분 정도 재운다.

❷ **마늘과 양파 볶기**
달군 팬에 기름을 넉넉하게 두르고 다진 마늘, 다진 양파를 넣어 약간 갈색이 날 때까지 충분히 볶는다.

❸ **소스 완성하기**
②에 토마토케첩, 고추장, 우스터 소스, 식초, 설탕, 물, 월계수 잎을 넣고 고루 섞으며 끓인다.

❹ **돼지고기 굽기**
재워놓은 돼지고기에 밀가루를 꼼꼼히 묻힌다. 달군 팬에 기름을 두르고 돼지고기를 올려 앞뒤로 노릇노릇하게 굽는다.
⋯ 구울 때 밀가루 옷이 벗겨지지 않도록 주의하세요.

❺ **소스 + 구운 돼지고기**
끓고 있는 ③의 소스에 구운 돼지고기를 넣고 밀가루 옷이 벗겨지지 않게 조심하면서 소스가 고루 배도록 뒤적인다. 돼지고기에 소스가 고루 배면 완성!

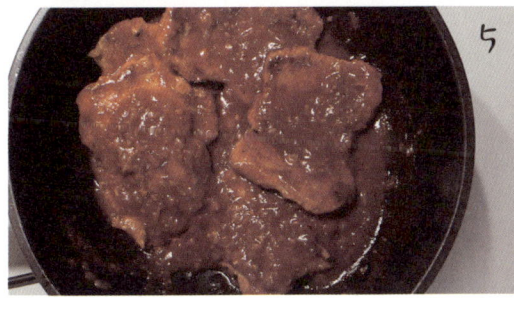

👉 **맛있는 Tip**
- 돼지고기를 소스에 넣고 다시 끓일 거라 구울 때 완전히 익히지 않아도 됩니다.
- 설탕과 고추장은 입맛에 따라 조절하세요. 고추장 대신 핫 소스를 넣어도 맛있어요.

너무 맛있는 초간단
등갈비찜

보통 바비큐 등갈비 요리는 손도 많이가고 시간도 많이 들어요.
그런데 이 등갈비찜은 만드는 노력은 반도 들지 않고, 오븐 없이 조려서
만들 수 있는 초간단 등갈비찜이랍니다! 청양고추를 넣어
바비큐 소스에 구운 것보다 한국적인 맛이 나고 아이들 반찬으로도 좋아요.

재료 (2~3인분)

- 등갈비 500g (30분간 찬물에 담가 핏물을 제거하거나 키친타월로 눌러 핏물을 빼세요.)

소스

- 간장 2큰술
- 굴소스 2큰술
- 설탕 2큰술
- 청주 2큰술
- 다진 생강 ½작은술
- 다진 청양고추 1개

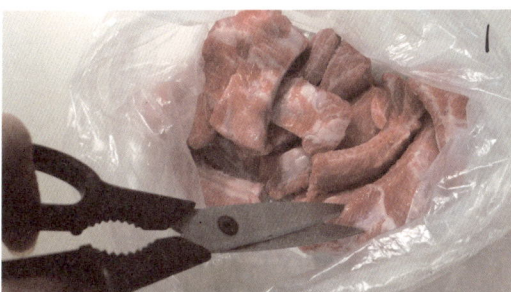

❶ 등갈비 칼집 내기
등갈비 군데군데에 가위로 칼집을 낸다.

❷ 소스 만들기
재료를 분량대로 섞어 소스를 만든다.

❸ 등갈비 + 소스
바닥이 두꺼운 냄비에 등갈비를 넣고 소스를 끼얹은 뒤 약한 불에서 뚜껑을 덮어 30~40분 조린다.
중간중간 양념이 고루 배도록 뒤집는다.
… 소스의 양이 많지 않기 때문에 냄비는 바닥에 등갈비가 빽빽하게 깔릴 정도의 크기로 준비하는 게 좋아요.

❹ 뚜껑 열고 조리기
마지막 5분 정도는 뚜껑을 열고 저어가며 조린다.

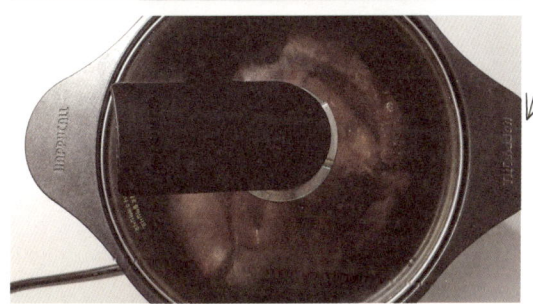

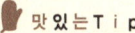 **맛있는 Tip**

- 소스의 양이 많지 않기 때문에 냄비가 너무 크면 소스가 증발해버리니까 냄비를 잘 선택하세요.
- 밥반찬으로도 좋고, 맥주 안주로도 잘 어울려요.

훈제 오리를 색다르게 먹는 방법
훈제오리밀쌈

요즘 훈제 오리는 별다른 양념 없이 굽거나 쪄서 먹으면 되기 때문에
비상시 요리로도 좋아 우리 집 냉장고에는 항상 있어요.
훈제 오리를 구워서 채소와 곁들여 밀전병에 싸 먹으면 맛도 좋고
먹는 재미도 있어서 식구들이 정말 좋아해요.
한 끼 식사나 손님 초대 요리로도 좋답니다.

재료(2~3인분)
- 훈제 오리 300g
- 영양부추 1줌 □ 양파 ½개
- 홍고추 3개 □ 대파 흰 부분 3대
- 깻잎 5장

밀전병(25~30장 분량)
- 밀가루 중력분 2컵 □ 물 2½컵
- 소금 1작은술
- 식용유 적당량

찍어 먹을 소스
- 해선장과 허니 머스터드 소스 적당량

밥상에 힘을 주는 고기 요리 **131**

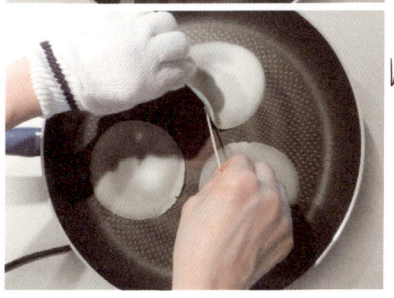

❶ 채소 썰기
영양부추는 5cm 길이로 썰고, 양파는 가늘게 채 썬다. 홍고추, 대파, 깻잎도 비슷한 길이로 썬다.

❷ 밀전병 반죽하기
분량의 밀가루와 물, 소금을 볼에 넣고 거품기로 덩어리지지 않도록 충분히 젓는다.

❸ 밀전병 굽기
달군 팬에 기름을 소량 바르고 반죽을 반 국자 정도 떠서 올린 다음 국자 밑바닥으로 원을 그리듯 살짝 문질러 얇게 굽는다.
… 뒤집을 때 면장갑과 이쑤시개를 이용해서 뒤집으면 편해요.

❹ 훈제 오리 굽기
달군 팬에 훈제 오리를 구운 뒤 키친타월에 올려 기름기를 뺀다.
… 찜통에 쪄서 준비해도 좋아요.

❺ 담기
채 썬 채소와 훈제 오리, 밀전병을 그릇에 담고 두 가지 소스를 곁들여 낸다.

찜통에
쪄도 좋아요

맛있는 Tip
▶ 1인분씩 담거나 큰 접시에 한꺼번에 담아 내세요.
▶ 밀전병은 식어도 맛있기 때문에 도시락으로 싸도 좋답니다.

30분이면 완성되는 간단한 찜닭!
안동찜닭

간장 소스에 조린 닭과 당면뿐인데 다른 반찬 없이도 훌륭한 한 끼를 책임지는 닭 요리예요. 닭다릿살로 만들면 요리 시간도 줄고 먹기도 편하답니다. 부재료로 넣는 감자와 고구마, 표고버섯도 소스가 배어 너무 맛있어요.

재료(3~4인분)
- 닭다릿살 1팩(500g, 닭다릿살만 모아놓은 것을 구입하세요.)
- 감자와 고구마(감자, 고구마 합쳐서 500g 정도 준비하세요.)
- 표고버섯 3개 □ 청양고추 2개
- 당면 50~100g □ 참기름 1작은술

조림장 재료
- 물 400ml □ 간장·청주 100ml씩
- 설탕 3큰술 □ 다진 생강 ½큰술
- 통후추 1큰술 □ 다시마 약간

밥상에 힘을 주는 고기 요리 **133**

중간중간 뒤섞으며
끓여 양념이
고루 배게 하세요

❶ 조림장 만들기
조림장 재료를 분량대로 섞어 끓인다. 끓기 시작하면 약한 불로 줄이고 10분 정도 조린 다음 다시마와 통후추를 건져낸다.

❷ 재료 썰기
닭다릿살은 큼직하게 2~3등분하고, 감자와 고구마도 큼직하게 썬다. 표고버섯은 2등분하고, 청양고추는 어슷하게 썬다.

❸ 닭 + 채소 + 조림장
냄비에 닭과 채소들을 넣고 조림장을 넣어 뚜껑을 덮고 센 불에 끓인다. 끓어 오르면 중간 불로 줄여 20분 정도 더 끓인다.

❹ 당면 삶기
당면을 6분 정도 삶아 찬물에 헹군다.

❺ ③ + 당면 + 참기름
③의 재료들이 다 익으면 당면을 넣고 참기름을 넣는다.

맛있는 Tip
- 당면을 넣을 때 조림장이 충분히 남아 있어야 당면을 넣은 후에도 국물이 자작하게 남습니다.
- 감자와 고구마는 취향에 따라 적당히 조절해서 넣으세요.
- 닭다릿살로 만드는 또 다른 요리…깐풍기(p.162)
- 고구마를 이용한 또 다른 요리…닭볶음탕(p.154), 오렌지고구마맛탕(p.264)

다진 쇠고기로 간단하게 만드는
떡갈비와 가래떡구이

갈빗살을 다져서 떡갈비를 만들면 정말 좋겠지만 비싸기도 하고
다지는 일도 만만치 않지요. 대신 상대적으로 싼 다진 쇠고기를 이용해
간단하게 떡갈비를 만들어보세요. 여기에 가래떡이나 떡볶이 떡을 구워서
곁들이면 멋진 한 끼 식사가 된답니다.

재료 (3~4인분)

- ☐ 다진 쇠고기 300g
- ☐ 가래떡 적당량
- ☐ 식용유 적당량

쇠고기 양념

- ☐ 다진 양파 ½개
- ☐ 다진 마늘 · 다진 파 3큰술씩
- ☐ 청주 2큰술
- ☐ 설탕 · 간장 1큰술씩
- ☐ 생강즙 · 참기름 1작은술씩
- ☐ 소금 · 후춧가루 약간씩

조림장

- ☐ 간장 · 물엿 · 맛술 2큰술씩
- ☐ 생강즙 · 물 1작은술씩

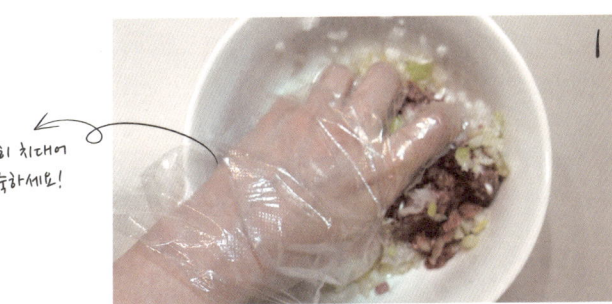

충분히 치대어 반죽하세요!

❶ **반죽하기**
다진 쇠고기에 양념 재료를 모두 넣어 손으로 충분히 치대어 반죽한다.

❷ **떡갈비 만들기**
고기 반죽을 동글납작하게 빚어 떡갈비를 만든다.

❸ **조림장 만들기**
양념을 분량대로 섞어 조림장을 만든다.
⋯▸ 조림장 대신 데리야키 소스를 넣으면 더 맛있어요(p.36).

❹ **떡갈비 굽기**
달군 팬에 기름을 두르고 떡갈비를 올린 뒤 앞뒤로 눌러가며 타지 않게 굽는다. 고기가 다 익으면 조림장을 한 숟가락씩 떡갈비 위에 끼얹는다.

❺ **가래떡 굽기**
달군 팬에 기름을 두르고 가래떡을 올려 노릇노릇하게 구운 뒤 떡갈비와 함께 낸다.
⋯▸ 냉동실에 넣어둔 가래떡은 찜통에 찐 뒤 구우세요.

맛있는 Tip

▶ 떡갈비는 구우면서 가운데가 부풀어 두꺼워지기 때문에 얇게 만들어서 구워야 해요.
▶ 떡갈비를 넉넉하게 만들어 냉동실에 넣어두고 먹으면 좋아요.
▶ 떡갈비와 어울리는 면 요리…두부김치말이국수(p.240)

쌀가루 묻혀 구운 폼 나는 쇠고기 요리
쇠고기찹쌀구이와 영양부추무침

부챗살, 치맛살 등은 그냥 구워 먹어도 맛있는 부위지만 여기에 양념해서 찹쌀가루를 묻혀 구워 부추무침을 곁들이면 화려한 고기 요리가 된답니다. 손님 초대뿐만 아니라 평소에도 고기 반찬으로 해 먹기 좋은 요리예요. 이 한 그릇이면 고기와 채소 요리가 한 번에 해결되지요.

재료(2인분)
- 쇠고기 부챗살 또는 치맛살 200g (얇게 썬 것으로 구입하세요.)
- 영양부추 1줌
- 양파 ¼개 □ 홍고추 1개
- 찹쌀가루 3큰술
- 식용유 적당량

쇠고기 양념
- 간장 4큰술 □ 설탕 3큰술
- 다진 마늘 2작은술
- 참기름 ½큰술 □ 후춧가루 약간

영양부추무침 소스
- 간장 · 설탕 · 식초 1큰술
- 고춧가루 ⅓큰술 □ 들기름 ½큰술

밥상에 힘을 주는 고기 요리 **137**

❶ 재료 준비하기
쇠고기는 부챗살, 치맛살 얇게 썬 것으로 준비한다.
양파는 채 썰고, 부추와 홍고추도 양파와 비슷한 길이와 두께로 썬다.

❷ 쇠고기 재우기
쇠고기 양념을 분량대로 섞은 뒤 쇠고기에 한 장씩 골고루 발라
20~30분 재워둔다.

❸ 쇠고기 굽기
양념에 재운 쇠고기 앞뒤에 찹쌀가루를 골고루 두껍지 않게 묻힌다.
달군 팬에 기름을 두르고 쇠고기를 올려 앞뒤로 뒤집으며 고루 익힌다.
⋯ 뒤집을 때 찹쌀가루가 떨어지지 않도록 조심하세요.

❹ 영양부추무침 만들기
분량대로 소스를 만들어 영양부추, 양파, 홍고추를 넣고 버무린다.
⋯ 식초가 들어 있어서 먹기 직전에 버무리는 것이 좋아요.

❺ 담기
구운 쇠고기찹쌀구이와 영양부추무침을 접시에 함께 담아 낸다.

부추무침은 먹기 직전에 버무리세요

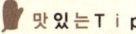

▶ 찹쌀가루를 묻혀서 구우면 식어도 딱딱해지지 않아서
   도시락 반찬으로도 좋아요.
▶ 부챗살, 치맛살이 남았다면…쇠고기초밥(p.76)

생각보다 만들기 쉬운 일본식 돼지고기 요리
차슈

일본 라멘집에서 안주나 사이드 메뉴로 파는 돼지고기 요리 차슈. 우리나라 수육과 장조림의 중간 정도 되는 요리예요. 수육처럼 그냥 먹어도 좋고, 장조림처럼 반찬으로 먹어도 좋고, 밥 위에 얹어서 덮밥처럼 먹을 수도 있어서 다양하게 활용하기 좋은 요리랍니다.

재료(3~4인분)
- 통삼겹살 500g(2~3등분해서 사용하세요.)
- 쪽파 5대 □ 녹차 티백 3개
- 식용유 적당량

간장 소스
- 물 400ml
- 간장·맛술 10큰술씩
- 설탕·올리고당 3큰술씩
- 대파 2대 □ 마늘 7톨
- 생강 마늘 크기로 4톨
- 통후추 10개 □ 월계수 잎 3장

밥상에 힘을 주는 고기 요리 **139**

❶ **간장 소스 끓이기**
분량의 소스 재료를 섞어 끓인다.

❷ **통삼겹살 굽기**
달군 팬에 기름을 두르고 2~3등분한 통삼겹살을 굴려가며
노릇노릇하게 구운 뒤 기름기를 뺀다.
→ 구운 후 키친타월로 기름기를 제거하세요.

❸ **간장 소스 + 구운 통삼겹살**
①의 간장 소스가 바글바글 끓으면 구운 통삼겹살을 넣어 40~50분
굴려가며 삶는다.

❹ **③ + 녹차 티백**
30분 정도 후 소스가 어느 정도 줄어들면 녹차 티백을 넣고
소스를 끼얹어가며 100~150ml 정도 남을 때까지 조린다.

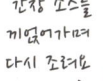
녹차 티백이
잡내와 기름기를
잡아줘요

❺ **삼겹살과 소스 나누기**
통삼겹살은 건지고 간장 소스는 체에 거른다.
→ 걸러낸 간장 소스를 냉장고에 잠시 두어 굳어진 기름기를 걷어내면
깔끔한 맛의 차슈를 만들 수 있어요.

❻ **삼겹살 + 소스**
삼겹살을 먹기 좋게 썰어 다시 팬에 올리고 ⑤의 간장 소스를 넣어
끼얹어가면서 살짝 조린다.

❼ **담기**
접시에 ⑥의 차슈를 담고 송송 썬 쪽파를 뿌리면 완성!

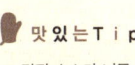 맛있는 Tip

▶ 간장 소스가 너무 줄어들지 않도록 주의하세요.
▶ 데리야키 소스(p.36)를 곁들여 덮밥으로 만들어 먹어도
맛있어요. 밥(1공기)을 데리야키 소스(1큰술)에 비빈 후
차슈를 얹고 쪽파를 가득 올리세요.

간장 소스를
끼얹어가며
다시 조려요

오이와 파채를 곁들여 더 맛있게 먹는
수육

얇게 썬 쇠고기 수육에 감자칼로 얇게 자른 오이와 파채를 곁들여 먹는 수육이에요. 아삭아삭, 새콤달콤한 오이와 파채가 약간 뻑뻑하다고 느낄 수 있는 수육과 정말 잘 어울린답니다. 샐러드처럼 먹을 수 있는 이 수육은 비주얼도 예술이에요.

재료(3~4인분)
- 사태 또는 아롱사태 300g
- 오이 2개
- 파채 1줌 가득

사태 삶는 물
- 사태가 잠길 정도의 물
- 생강 마늘 크기로 3톨
- 마늘 7톨
- 통후추 10개
- 양파 ¼개
- 대파 1대 ☐ 간장 1큰술

소스
- 단촛물 4~5큰술 ▶ 단촛물 만들기(p.37)
- 참기름 ½큰술
- 통깨 ½큰술

❶ **사태 삶기**
냄비에 사태 삶는 물 재료와 사태를 넣고 뚜껑을 덮어 약한 불에서
2시간 정도 삶는다.
⋯▶ 중간중간 뒤적이며 고루 익도록 합니다.

❷ **사태 냉장고에 넣기**
삶은 사태를 뜨거울 때 비닐 랩으로 꽁꽁 싸서 단단하게 뭉치고
이쑤시개로 군데군데 찔러 뜨거운 김을 뺀 다음 식혀서 냉장고에 넣어둔다.

❸ **오이, 파채 준비하기**
오이는 감자 깎는 칼로 길고 얇게 직사각형으로 껍질 벗기듯이 자르고
파채는 물에 담가 매운맛을 뺀다.

❹ **소스 만들기**
분량의 재료를 섞어 소스를 만든다.

❺ **사태 썰기**
차게 식힌 사태를 얇게 썬다.

❻ **오이, 파채 + 소스**
얇게 썬 오이와 물기를 제거한 파채에 소스를 넣고 먹기 직전에 버무린다.

❼ **담기**
접시에 오이와 파채를 담고 위에 얇게 썬 사태를 얹는다.

맛있는 Tip
▶ 사태는 넉넉하게 삶아 한 번 먹을 양씩 덩어리째 냉동실
  에 보관했다가 실온에서 해동해 먹으면 좋아요.
▶ 오이와 파채는 소스에 버무리면 부피가 많이 줄어요.
  오이와 파채를 좋아한다면 더 많이 준비하세요.

호부추와 쇠고기만으로 만드는 초간단 요리
부추잡채와 꽃빵

보통 호부추, 피망, 양파 등 갖가지 채소와 고기를 넣고 볶아서 꽃빵에 싸 먹는 요리가 부추잡채인데 아이들과 집에서 만들어 먹을 때면 피망이나 양파만 남기게 되더라고요. 그래서 처음에는 이것저것 다 넣어서 해 먹다가 요즘은 호부추와 쇠고기만 넣어 간단하게 만들어 먹는답니다. 재료는 간단하지만 맛은 중국 식당의 부추잡채 못지않아요.

재료(3~4인분)
- 호부추 1팩(100g, 일반 부추보다 두꺼운 중국 부추. 대형 마트에서 구입할 수 있어요.)
- 쇠고기 잡채용 100g
- 꽃빵 6~8개
- 참기름 1작은술
- 식용유·고추기름·간장 적당량씩

쇠고기 양념
- 굴 소스·간장·맛술 1큰술씩
- 녹말 2큰술

밥상에 힘을 주는 고기 요리 **143**

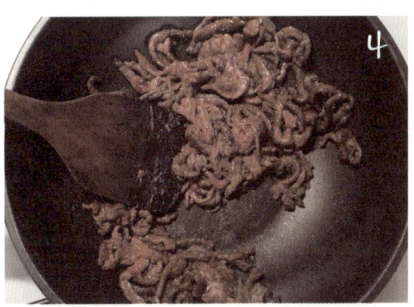

❶ **재료 준비하기**
일반 부추보다 두꺼운 호부추와 잡채용 쇠고기를 준비한다.
호부추는 4~5cm 길이로 썬다.
⋯ 호부추의 흰 부분이 두꺼우면 길게 칼집을 내서 썰어요. 취향에 따라 호부추와
쇠고기의 양은 조절하세요.

❷ **쇠고기 양념하기**
비닐봉투에 쇠고기와 쇠고기 양념 재료를 모두 잘 넣고 주물러 양념이
고르게 배도록 한다.
⋯ 이 양념은 쇠고기 100g에 알맞은 양으로 쇠고기 양이 늘어나면 양념도
같은 비율로 늘리세요. 호부추는 양을 더 늘리더라도 양념을 더 늘리지 마세요.

❸ **꽃빵 찌기**
찜통을 불에 올려 물이 끓으면 꽃빵을 넣어 3~4분 정도 찐다.

❹ **쇠고기 볶기**
팬을 센 불에 연기가 날 정도로 달군 뒤 기름을 두르고 불을 끈 후
쇠고기가 뭉치지 않게 볶는다. 고기가 80% 정도 익으면 다시 불을 켜서
좀 더 익힌다.

❺ **④ + 호부추, 참기름**
④에 호부추와 참기름을 넣고 불을 끈 뒤 잘 섞는다.

❻ **담기**
부추잡채와 꽃빵을 그릇에 담고 고추기름 넣은 간장을 곁들여 낸다.

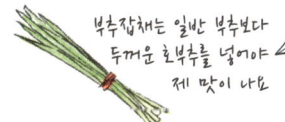

부추잡채는 일반 부추보다
두꺼운 호부추를 넣어야
제 맛이 나요

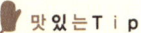 **맛있는 Tip**
▶ 잡채용 쇠고기로 만드는 또 다른 요리⋯유산슬덮밥(p.64)

양념까지 다 먹는 갈비찜!
매운돼지갈비찜

배와 양파를 갈아 넣어 양념을 넉넉하게 만든 매운돼지갈비찜은 우리 집 식구들이 정말 좋아하는 요리예요. 달콤하고 매콤한 양념이 밴 돼지갈비도 맛있지만 양념이 맛있어서 밥에 슥슥 비벼 먹다 보면 양념까지 하나도 남지 않게 된답니다.

재료(4인분)
- 돼지갈비 1kg(찬물에 30분~1시간 담가 핏물 제거해요.)
- 다진 청양고추 1개 분량
- 가래떡 2컵(한입 크기)
- 식용유 적당량
- 돼지갈비 삶은 물 300~400ml

돼지갈비 삶는 물
- 물 (돼지고기가 잠길 정도의 양)
- 대파 1대 · 생강 마늘 크기로 4톨
- 통후추 10알 · 월계수 잎 2장
- 소주 또는 청주 2큰술

양념장
- 간장 6큰술
- 고춧가루 · 고추장 2큰술씩
- 굴 소스 · 물엿 · 설탕 · 맛술 1큰술씩
- 다진 생강 · 다진 마늘 1작은술씩
- 배 간 것 100ml · 양파 간 것 ½개 분량

밥상에 힘을 주는 고기 요리 **145**

❶ 돼지갈비 삶기
돼지갈비가 충분히 잠길 정도의 물에 대파, 생강, 통후추, 월계수 잎, 소주나 청주를 넣고 핏물을 제거한 돼지갈비를 넣어 삶는다. 삶은 고기는 건져놓고, 고기 삶은 육수는 300~400㎖를 따로 담아놓는다.

❷ 양념장 만들기
양념장 재료를 모두 분량대로 준비하여 고루 섞어서 양념장을 만든다.

❸ 청양고추 향 내기
냄비에 기름을 살짝 두른 뒤 청양고추 다진 것을 넣고 볶아 매콤한 향을 낸다.

❹ ③ + 삶은 돼지갈비 + 양념장 ½ + 육수
③에 삶은 돼지갈비와 양념장의 반, 따로 담아놓은 돼지갈비 삶은 육수 200㎖를 넣고 끓인다. 끓어오르면 중약 불로 줄여 20분 정도 더 익힌다.

❺ ④ + 나머지 양념 + 육수
④에 남은 양념과 육수를 모두 넣고 10~15분 더 익힌다. 이때 뚜껑을 열고 간이 골고루 배도록 저으며 끓인다.
• 양념과 육수는 다 넣지 말고 간과 농도를 봐가면 적당하게 조절하세요.

❻ 가래떡 넣기
한입 크기로 잘라놓은 가래떡을 넣어 양념이 스며들도록 뒤적이며 5분 정도 더 끓여 마무리한다.
… 냉동실에서 꺼낸 가래떡의 경우 쪄서 넣어야 딱딱하지 않아요.

> **맛있는 Tip**
> ▶ 완성했을 때 양념이 자작하게 남아 있도록 하세요. 양념장과 육수는 농도와 간을 봐가면서 짜지 않게 적당히 조절하세요.
> ▶ 돼지갈비로 만드는 또 다른 요리…탕수갈비(p.152), 김치찜(p.110)

전문점보다 더 맛있는
햄버그스테이크와 버섯소스

햄버거 패티에 버섯을 듬뿍 넣어 만든 버섯 소스를 곁들여 맛과 영양까지 한 번에 만족할 수 있는 맛있는 햄버그스테이크 레시피예요. 철판이나 무쇠 팬에 햄버그스테이크를 내면 홍대 거리, 가로수길, 이태원 등에 있는 '핫' 한 햄버그스테이크 전문점보다 더 맛있고 폼 난답니다.

재료(패티 4~6장)

햄버그 패티
- 다진 쇠고기 400g(불고기나 스테이크용 쇠고기로 준비!)
- 양파 ½개 □ 빵가루 ⅔컵 □ 달걀 1개
- 소금·후춧가루 ¼작은술
- 올리브유 또는 식용유 약간

소스
- 양송이버섯 150g
- 애느타리버섯 2줌
- 비프 스톡 1개(없으면 치킨 스톡, 생략 가능)
- 토마토케첩 8큰술 □ 우스터 소스 5큰술
- 버터 3큰술 □ 밀가루 2큰술
- 물 1 ½컵 □ 식용유 적당량

밥상에 힘을 주는 고기 요리 **147**

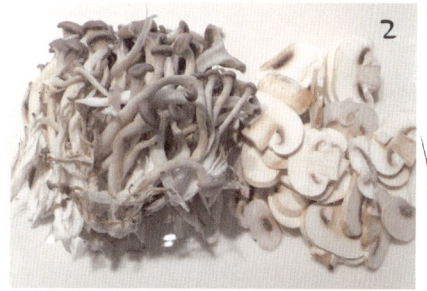

❶ 패티 만들기
반죽하기 햄버거 패티 재료를 분량대로 섞어 끈기가 나도록
치대어 반죽한 다음 4~6등분으로 나눈다.
모양 만들기 손에 올리브유 또는 식용유를 바르고 나누어둔 반죽을
동글납작하게 빚는다.
… 구우면서 가운데가 더 두꺼워지니까 가운데를 눌러 약간 납작하게 만들어요.

❷ 소스 만들기
재료 손질하기 양송이는 얇게 채 썰고, 애느타리버섯은 손으로 잘게
찢는다.
소스 완성하기 물과 버섯을 뺀 나머지 소스 재료를 팬에 넣고
약한 불에서 저어가며 끓이다가 물을 조금씩 넣고 계속 저어가며 끓인다.
소스가 끓으면 버섯을 넣고 한 번 더 끓인다.

❸ 패티 구워 소스에 넣기
패티가 어느 정도 익으면, 소스에 구운 패티를 넣고 잠깐 동안 끓인다.

패티 위에 따로 소스를
뿌려서 내도 좋아요

맛 있는 Tip
▶ 패티를 여러 장 만들어서 냉동실에 보관하면
유용하게 쓸 수 있어요(수제햄버거 p.148).
▶ 버섯은 많은 듯해도 끓이면서 숨이 죽기 때문에
더 많이 넣어도 됩니다.

햄버거 패티로 만드는
수제햄버거

햄버그스테이크 만들 때 패티를 넉넉하게 만들어서 집에서 수제햄버거 만들어보세요. 패티만 만들어두면 고급스러운 수제햄버거를 10분 만에 완성할 수 있어요. 햄버거 빵이 없으면 모닝 빵으로 만들어도 좋아요. 저는 패티를 만들 때 햄버그스테이크용과 모닝 빵 사이즈의 햄버거용 두 가지 크기로 넉넉하게 만들어서 냉동실에 넣어둔답니다.

밥상에 힘을 주는 고기 요리 **149**

재료(2인분)
- 모닝 빵 4개
- 패티 4개(다진 쇠고기 400g으로 12개 정도 만들 수 있어요.) ▶ 패티 만들기(p.147)
- 양파 ¼개
- 양송이 4개
- 토마토 ½개
- 양상추 1장
- 나초 치즈 소스 4큰술(일반 치즈를 넣어도 되지만 나초 치즈를 넣으면 더 맛있어요.)
- 식용유 적당량
- 소금·후춧가루 약간씩

 나초 치즈 소스를 넣으면 햄버거의 맛이 더욱 풍부해져요

❶ 재료 준비하기
양파는 잘게 다지고, 양송이는 얇게 슬라이스한다.
토마토는 0.5cm 두께로 둥글게 썰고, 양상추는 모닝빵 크기로 뜯어놓는다.
냉동실에 있던 패티라면 미리 꺼내어 해동한다.

❷ 패티와 양송이 굽기
달군 팬에 기름을 두르고 팬 한쪽에는 패티를, 다른 한쪽에는 양송이를 굽는다. 양송이에는 소금과 후춧가루를 뿌려서 간을 하며 굽는다.

❸ 햄버거 만들기
모닝 빵의 가운데를 갈라 양상추 ⇨ 토마토 ⇨ 패티 ⇨ 양송이 ⇨ 나초 치즈 소스 ⇨ 다진 양파 순으로 올린다.

훈제 오리로 만드는 간단한 양장피
훈제오리양장피

정식으로 만들면 돼지고기와 해물을 양념하고, 채소도 따로 볶고, 소스도 만들고….
엄청 복잡한 요리가 양장피예요. 이런 양장피는 특별한 날, 밖에서 사 먹고
집에서는 훈제 오리를 구워 간단하게 만들어 먹어요. 훈제오리를 이용해
손님상에 올려도 손색이 없을 만큼 맛있는 양장피를 간단하게 만들 수 있답니다.
야들야들한 양장피가 훈제 오리, 채소와 겨자 소스에 정말 잘 어울려요.

밥상에 힘을 주는 고기 요리 **151**

재료(3~4인분)
- ☐ 훈제 오리 300g
- ☐ 양장피 2장
- ☐ 양파 ¼개
- ☐ 영양부추 1줌
- ☐ 홍고추 3개

소스
- ☐ 식초·설탕 3큰술씩
- ☐ 연겨자 2큰술씩
- ☐ 땅콩버터·다진 마늘 1큰술씩
- ☐ 간장·청주 1작은술씩
- ☐ 소금·참기름 1작은술씩

❶ 훈제 오리 굽기
훈제 오리를 팬에 구운 뒤 키친타월에 올려 기름기를 빼면서 식힌다.

❷ 채소 썰기
양파는 가늘게 썰고, 부추와 홍고추도 비슷한 길이와 굵기로 채 썬다.

❸ 소스 만들기
소스 재료를 분량대로 준비해 섞어서 소스를 만든다.
…▸ 땅콩버터는 잘 녹지 않는데 나중에 버무릴 거라 다 녹지 않아도 괜찮아요.

❹ 양장피 삶기
끓는 물에 양장피를 넣어 3분 정도 삶은 뒤 찬물에 바로 헹궈 손으로 먹기 좋게 적당히 뜯어놓는다.

❺ 훈제 오리 + 채소 + 양장피 + 소스
구운 훈제 오리, ❷의 채소, 삶은 양장피와 소스를 모두 넣고 버무린다.

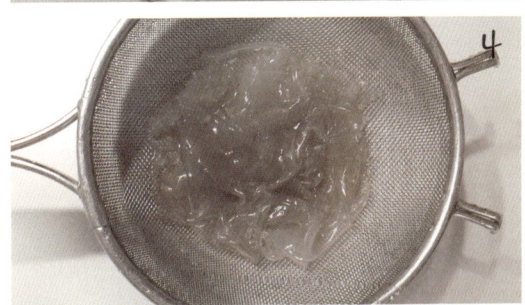

맛있는 Tip
- ▶ 양장피를 바로 무치지 못할 경우에는 참기름을 넣어 버무려놓으세요.
- ▶ 양장피를 빼고 무쳐 먹어도 맛있답니다.
- ▶ 훈제 오리로 만드는 또 다른 요리…훈제오리밀쌈(p.130)

간단하게 만들어 먹는 색다른 돼지갈비
탕수갈비

보통 만들어 먹는 돼지갈비와 재료는 비슷하지만 맛과 느낌은 완전히 다른 돼지갈비예요. 달콤한 소스로 강정 같은 느낌이 들게 만든 탕수갈비는 재료는 단순하지만 색다른 맛을 낸답니다. 토마토와 같이 곁들이면 잘 어울리는 탕수갈비, 한번 맛보세요.

밥상에 힘을 주는 고기 요리 **153**

재료(3~4인분)
- 돼지갈비 800g(30분~1시간 정도 찬물에 담가 핏물을 제거해요.)

돼지갈비 삶는 물
- 물 돼지갈비가 잠길 정도의 양
- 생강 마늘 크기로 4톨
- 대파 1대 □ 통후추 10개
- 청주 2큰술 □ 월계수 잎 2장

소스
- 식용유 2큰술
- 다진 마늘 1큰술
- 물 10큰술 □ 간장 7큰술
- 설탕 6큰술 □ 청주 4큰술
- 식초 2큰술
- 물녹말(녹말 ½큰술 + 물 1큰술)
  (농도를 봐가며 조금씩 넣으세요.)

다진 마늘을 먼저 볶다가 나머지 재료를 넣어요

❶ **돼지갈비 삶기**
냄비에 핏물을 제거한 돼지갈비를 넣고 물을 자작하게 부은 뒤 돼지갈비 삶는 물 재료를 넣고 15분 정도 삶은 다음 고기를 건져놓는다.

❷ **소스 끓이기**
달군 팬에 식용유를 두르고 다진 마늘을 볶다가 분량의 물, 간장, 설탕, 청주, 식초를 넣고 끓인다.

❸ **② + 돼지갈비**
소스가 끓으면 건져놓은 돼지갈비를 넣고, 20분 정도 뚜껑을 덮어 조린다. 중간중간 소스가 골고루 배도록 뒤적이고 소스를 끼얹으며 조린다.

❹ **③ + 물녹말**
소스가 넉넉히 남았을 때 물녹말을 조금씩 넣어 걸쭉한 농도를 맞춘다.

맛있는 Tip
- 소스가 충분히 남아 있을 때 물녹말을 넣고 조려 소스가 어느 정도 남아 있는 상태로 만드세요.
- 너무 조려졌다 싶으면 물을 조금 넣어서 간을 조절해 짜지 않게 하세요.
- 돼지갈비로 만드는 또 다른 요리…김치찜(p.110), 매운돼지갈비찜(p.144)

매콤달콤, 정말 맛있는
닭볶음탕

닭으로 만드는 요리 중 우리 집 최고 인기 메뉴예요. 닭고기뿐 아니라 감자, 고구마, 떡에 양념까지 남김 없이 없어진답니다. 다른 반찬도 필요 없고, 남은 양념에 밥을 쓱쓱 비벼 먹으면 밥 한 공기가 뚝딱 사라져요.

재료(3~4인분)
- 닭 볶음탕용 1마리(800g)
- 우유 1컵 ☐ 감자 2개(200g)
- 고구마 큰 것 1개(200g) ☐ 양파 ½개
- 청양고추 1개 ☐ 마늘 4톨 ☐ 대파 ½대
- 식용유 3큰술 ☐ 참기름 1큰술
- 끓는 물 500ml(떡을 넣지 않으면 400ml)
- 떡볶이 떡 10개(냉동 상태인 떡은 쪄서 부드럽게 준비해요.)

양념 1
- 간장 7큰술 ☐ 맛술 2큰술 ☐ 매실청 1큰술
- 다진 마늘 3큰술 ☐ 후춧가루 약간
- 설탕·다진 생강 ½큰술씩

양념 2
- 고추장 4큰술 ☐ 고춧가루 3큰술

밥상에 힘을 주는 고기 요리 **155**

❶ **닭 + 우유**
닭을 우유에 잠시 담가두어 잡냄새와 기름을 제거한다.

❷ **재료 준비하기**
감자, 고구마는 큼직하게 썰고, 양파는 채 썬다. 청양고추는 어슷하게 썰고, 마늘은 편으로 썰며, 파는 송송 썬다.

❸ **양념 만들기**
재료를 분량대로 섞어서 〈양념 1〉과 〈양념 2〉를 만든다.

❹ **식용유 + 양파, 청양고추, 마늘 + 닭**
냄비에 식용유를 두르고 양파, 청양고추, 마늘을 볶다가 닭을 넣어 노릇노릇하게 볶는다.

❺ **④ + 감자, 고구마 + 끓는 물 + 〈양념 2〉**
④에 감자, 고구마를 넣고 끓는 물을 부은 뒤 〈양념 I〉을 넣고 뚜껑을 덮어 20분 정도 끓인다.

❻ **⑤ + 〈양념 2〉**
감자와 고구마가 익으면 〈양념 II〉를 넣는다.
→ 다 넣지 말고 반 정도를 먼저 넣어 간을 봐가며 적당히 더 넣으세요.

❼ **⑥ + 떡, 파, 참기름**
⑥의 국물이 자작하게 줄어들면 떡과 파, 참기름을 넣고 좀 더 끓인다.

이때 생긴 기름을 따라내면 좀 더 담백한 닭볶음탕을 만들 수 있어요

🧤 **맛있는 Tip**
▶ 처음엔 국물이 많은 듯하지만 완성해서 먹는 동안 졸아들면서 자작해져요.
▶ 국물이 너무 졸아들었다 싶으면 물을 조금 넣어 짜지 않게 하세요.
▶ 고구마로 만드는 또 다른 요리…안동찜닭(p.132), 오렌지고구마맛탕(p.264)

표고버섯을 넣어 고급스럽게!
탕수육

사 먹는 탕수육과 다르게 튀김옷을 얇게 하고, 표고버섯을 넣어 고급스럽게 만드는 탕수육이에요. 튀김옷이 얇다 보니까 돼지고기탕수육이 아닌 쇠고기탕수육으로 보인답니다. 특히 튀긴 표고버섯은 고기보다 더 맛있어요. 웬만한 탕수육은 명함도 못 내밀 정도로 고급스러운 탕수육 만들기, 도전해보세요.

재료(3~4인분)
- 돼지고기 안심 250g
- 표고버섯 3개 □ 청·홍피망 ¼개씩
- 통조림 파인애플 슬라이스 1~2개
- 녹말 1큰술 + 소금 약간
- 중국 녹말 ½컵 + 물 1컵(전날 미리 섞어 가라앉혀 윗물을 따라낸 뒤 앙금만 써요.)
- 식용유 적당량(돼지고기 튀길 만큼)

돼지고기 밑간
- 청주 1½큰술 □ 간장·식용유 ⅓큰술씩
- 소금·후춧가루 약간씩

소스
- 물 1컵 □ 설탕 4큰술 □ 식초 3큰술
- 파인애플 시럽 2큰술 □ 간장 1 ½큰술
- 토마토케첩·청주 1큰술씩
- 치킨 스톡 1개(생략 가능)
- 물녹말(녹말 2큰술 + 물 3큰술)

❶ 돼지고기 밑간하기
돼지고기는 손가락 굵기로 썰어 밑간 양념 재료에 30분~1시간 밑간해둔다.

❷ 채소 준비하기
표고버섯은 2~4등분하고, 피망과 파인애플도 표고버섯과 비슷한 크기로 큼직하게 썬다.

❸ 표고버섯 + 녹말, 소금
비닐봉투나 볼에 표고버섯을 넣고 녹말과 소금을 넣어 잘 섞는다.

❹ 피망, 파인애플 굽기
달군 팬에 피망과 파인애플을 굽는다.

❺ 표고버섯 튀기기
기름을 170℃ 정도로 예열한 뒤 ❸의 표고버섯을 넣어 튀긴다.

❻ 돼지고기 두 번 튀기
밑간한 돼지고기에 전날 가라앉힌 중국 녹말 앙금을 버무려 튀김옷을 입힌다. 170℃로 예열한 기름에 돼지고기를 한 번 튀겨 건져낸 뒤 기름 온도를 조금 높여 180℃ 정도의 고온에서 짧게 한 번 더 튀긴다.

❼ 소스 만들기
냄비에 물녹말을 제외한 소스 재료를 분량대로 모두 넣고 섞어서 끓인다. 끓어오르면 냄비 가장자리로 물녹말을 조금씩 넣어가며 젓는다.

❽ 담기
돼지고기와 표고버섯, 구운 채소를 접시에 담고 뜨거운 소스를 부어 낸다.

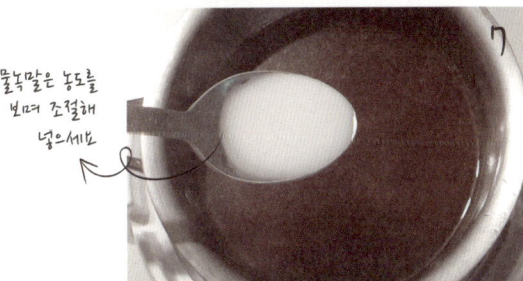

물녹말은 농도를 보며 조절해 넣으세요

맛있는 Tip
▶ 중국 녹말은 일반 녹말보다 입자가 고와서 중국 음식 할 때 좀 더 바삭한 식감을 얻을 수 있어요. 중국 식자재를 파는 곳이나 제빵 재료 판매점에서 구입할 수 있는데 일반 녹말로 대체해도 좋아요.
▶ 통조림 파인애플로 만드는 또 다른 요리…키위 소스(p.192), 파인애플 소스(p.184)

파르메산 치즈를 넣어 풍미를 더한
닭봉구이

닭봉은 손질이 다 되어 있어서 요리하기 쉽고, 먹기도 쉬운 재료예요. 튀겨도 맛있고 조려도 맛있지만, 파르메산 치즈를 넣은 양념에 재웠다가 구워 먹으면 맛있는 닭봉구이를 만들 수 있답니다. 식어도 맛이 괜찮아서 소풍 도시락에 넣어도 좋은 닭 요리예요.

밥상에 힘을 주는 고기 요리

재료(3~4인분)
- 닭봉 1팩(500g, 17개)

양념
- 간장 1½큰술
- 꿀 1½큰술
- 다진 마늘 1큰술
- 파르메산 치즈 가루 1큰술
- 식용유 1큰술
- 청주 1큰술
- 다진 생강 ½큰술
- 소금 ½큰술
- 후춧가루 약간

비닐봉투에 넣고 조물조물 양념하면 편해요

❶ 닭봉 + 양념
깨끗이 손질한 닭봉과 양념 재료를 모두 섞어 양념한 뒤 충분히 주물러 30분 정도 재워놓는다.

❷ 석쇠에 올리기
오븐 팬에 알루미늄 포일을 깔고 석쇠를 올린 다음 양념한 닭봉을 올린다.

❸ 닭봉 굽기
200℃로 예열한 오븐에 20분간 굽고, 뒤집어서 다시 10~15분 굽는다.

석쇠가 없으면 알루미늄 포일에 기름을 충분히 바른 후 닭봉을 올리세요

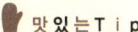 맛있는 Tip
- 피자 시켜 먹으면 따라오는 파르메산 치즈를 챙겨두었다가 닭봉구이에 이용하세요.
- 닭봉 대신 닭날개로 만들어도 맛있어요.
- 식어도 맛있어서 도시락으로 좋아요.
- 도시락으로 같이 싸면 어울리는 밥…김치볶음김밥(p.302)

오븐에 구워 간단하게, 폼나게 만드는
스테이크와 가니시

기념일이나 식구들 생일날, 분위기 잡기 좋은 메뉴가 스테이크지요.
굳이 이름난 레스토랑을 찾지 않아도 집에서 멋진 스테이크를 간단하게
구울 수 있답니다. 오븐에 여러 장의 스테이크와 더불어 함께 곁들이는
가니시까지 한꺼번에 구우면 요리하는 사람도 같이 우아하게
식사할 수 있어서 좋고, 땀 흘리며 팬을 흔들지 않아도 타지 않게
스테이크를 구울 수 있어서 좋지요.

재료(1인분)
- 쇠고기 스테이크용 200g
- 빨강 파프리카·가지 ¼개씩
- 삶은 감자 1개 □ 마늘 3톨

스테이크 밑간
- 소금·후춧가루 약간씩
- 식용유 1~2큰술
- 마늘 2톨

가니시 밑간
- 올리브유 2큰술
- 허브 솔트 약간

소스
- 디종 머스터드 소스(씨가 들어 있는 머스터드 소스로 스테이크와 잘 어울려요.)
- 시판 스테이크 소스

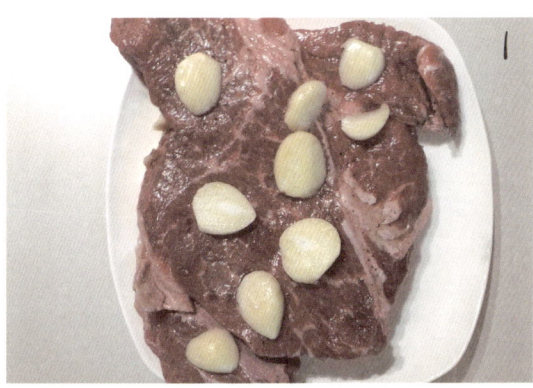

❶ 스테이크 밑간하기
쇠고기에 소금, 후춧가루를 고루 뿌려 밑간한 뒤 식용유를 마사지하듯이 쇠고기 앞뒤로 여러 번 문지른다.
그 위에 편으로 썬 마늘을 올려두어 12시간 정도 재워놓는다.
⋯밑간을 해두면 고기의 잡내도 없어지고 더욱 부드러워져요.
시간이 없으면 30분 정도 재운 후 구워도 됩니다.

❷ 가니시 밑간하기
파프리카, 가지, 삶은 감자, 마늘 등 가니시용 채소에
올리브유와 허브 솔트를 뿌려 버무려놓는다.

❸ 팬에 스테이크 굽기
센 불로 가열한 팬에 기름을 두르지 않고 쇠고기를 앞뒤로
겉면만 살짝 구워 육즙이 빠져나오지 못하게 한다.

❹ 스테이크와 가니시 오븐에 굽기
오븐 팬 위에 석쇠를 올리고 그 위에 쇠고기와 가니시용 채소를
같이 올린 후 230℃로 예열한 오븐에 10~15분 굽는다.
⋯오븐 온도와 시간은 제품마다 차이가 있으니 적당하게 조절하세요.
보통 230℃에서 10분 정도 구우면 미디엄 정도의 굽기로 구워집니다.

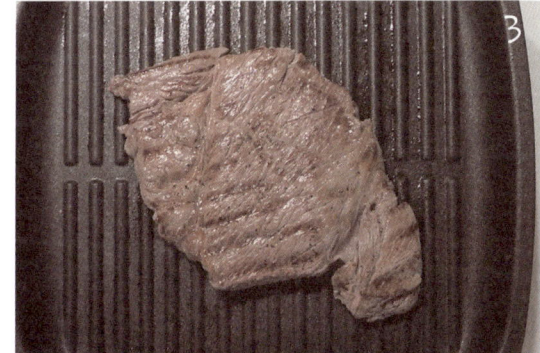

맛있는 Tip
- 오븐을 이용하면 여러 장의 스테이크와 가니시를 한꺼번에 타지 않게 구울 수 있어요.
- 오븐이 없는 경우 스테이크를 구울 때 타지 않도록 팬을 흔들어 가며 구우세요.
- 감자를 전자레인지에 삶을 때 맛있게 삶는 방법이 있어요. 물에 흠뻑 적신 신문지 두 겹으로 감자를 싸서 전자레인지에 2~3분 정도 돌려보세요. 중간에 한 번 뒤집으며 익히면 맛있게 삶아진답니다.

닭다릿살로 간단하게 만드는
깐풍기

튀기는 번거로움만 빼면 비교적 간단하게 만들 수 있는 요리예요. 닭다릿살만 손질해놓은 것을 구입하면 튀길 때 부피가 줄어 집에서도 힘들지 않게 만들 수 있고, 먹기에도 편하답니다. 튀기는 수고로움만 감수한다면 웬만한 중국집보다 훨씬 맛있는 깐풍기를 만들 수 있어요.

재료(3~4인분)
- 닭다릿살 500g □ 우유 200ml
- 중국 녹말 3~4큰술 (일반 녹말도 가능)
- 식용유 적당량(닭다릿살 튀길 만큼)

닭다릿살 밑간
- 간장 1큰술 □ 달걀흰자 1작은술
- 소금·후춧가루 약간씩

깐풍 소스
- 풋고추·홍고추 1개씩
- 고추기름 6큰술
- 대파 흰 부분 다진 것 2큰술
- 다진 마늘·설탕 2큰술씩
- 간장·식초 1큰술씩

밥상에 힘을 주는 고기 요리 **163**

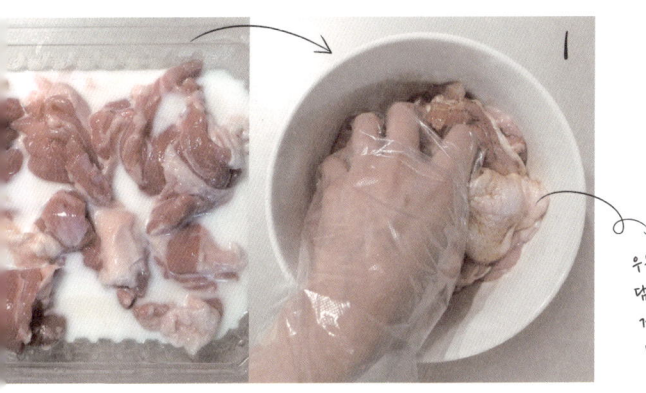

우유에
담갔다
건진 뒤
밑간해요

❶ **닭다릿살 우유에 재우기 + 밑간하기**
닭을 우유에 잠시 담가두어 잡냄새와 기름을 제거한 뒤 밑간 양념에 재운다.

❷ **재료 썰기**
풋고추와 홍고추는 송송 썰고 대파는 흰 부분만 다진다.

❸ **② + 녹말**
튀기기 바로 직전 불 앞에서 녹말을 고루 묻혀 가볍게 주무른다.
→ 녹말은 튀기기 바로 직전에 묻혀야 바삭바삭합니다.

❹ **닭다릿살 두 번 튀기기**
170℃로 예열한 튀김 기름에 닭다릿살을 한 번 튀겨 건져낸 뒤 기름 온도를 조금 높여 180℃ 정도의 고온에서 한꺼번에 넣고 짧게 한 번 더 튀긴다.

170℃에서
한 번
180℃에서
한 번 더!

❺ **소스 만들기**
풋고추와 홍고추를 뺀 나머지 소스 재료를 섞어 바글바글 끓인다.

❻ **⑤ + 풋고추, 홍고추, 닭튀김**
소스가 바글바글 끓으면 풋고추와 홍고추를 넣고, 튀긴 닭다릿살을 넣어 버무린다.
→ 풋고추와 홍고추는 색깔이 살아 있게 하기 위해 마지막에 넣어요.

🗣 맛있는 Tip
▶ 반찬으로도, 손님 초대 요리로도 잘 어울리고 맥주와는 환상 궁합이에요!
▶ 파채와 곁들이면 더 맛있습니다.
▶ 닭다릿살로 만드는 또 다른 요리…안동찜닭(p.132)
▶ 남은 달걀노른자를 이용하는 요리…카르보나라떡볶이(p.272), 아이스크림(p.290)

냉동 새우로 간단하게!
깐쇼새우

중국 식당에서 먹고 싶지만 가격 압박에 눈물을 머금고 눈을 돌리는 메뉴 중 하나인 깐쇼새우! 튀기는 게 번거롭기는 하지만 집에서도 간단하게 만들 수 있어요. 요즘 마트에 가면 손질이 다 된 냉동 새우를 쉽게 구입할 수 있는데 이를 이용해서 저렴하게, 간단하게, 푸짐하게 맛있는 깐쇼새우를 만들어보세요.

재료(3~4인분)
- 냉동 새우살 400g(큰 새우가 먹음직스러워요.)
- 중국 녹말 4큰술(일반 녹말도 괜찮아요.)
- 식용유 적당량(새우살 튀길 만큼)

새우 밑간
- 청주 ½큰술
- 달걀흰자 1작은술 □ 소금·후춧가루 약간씩

깐쇼 소스
- 고추기름·토마토케첩 6큰술씩
- 다진 마늘·설탕 2큰술씩
- 두반장 ½큰술
- 풋고추 1개(청피망을 넣어도 돼요.)
- 대파 흰 부분 다진 것 1큰술

밥상에 힘을 주는 고기 요리 **165**

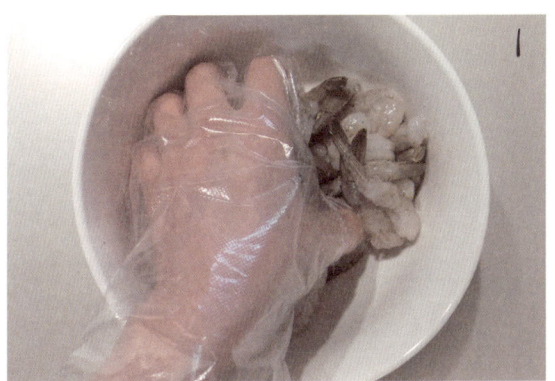

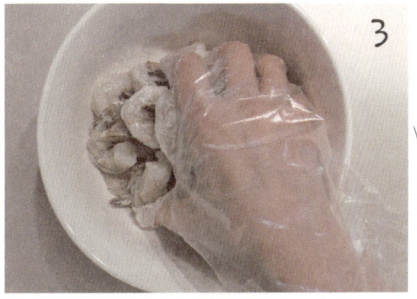

❶ 새우 밑간하기
냉동 새우는 흐르는 물에 씻어 해동한 뒤 물기를 제거하고
밑간 재료를 분량대로 섞어 밑간한다.

❷ 풋고추, 파, 썰기
풋고추는 잘게 썰고, 파는 흰 부분만 다진다.

❸ 새우 튀기기
튀기기 바로 직전 불 앞에서 새우에 녹말을 고루 묻혀 튀김옷을 입힌다.
170℃로 예열한 튀김 기름에 튀긴 뒤 건져놓는다.
⋯ 녹말은 튀기기 바로 직전에 묻혀야 바삭바삭합니다.

❹ 소스 만들기
풋고추와 다진 파를 뺀 나머지 소스 재료를 섞어 바글바글 끓인다.

❺ ④ + 풋고추, 파, 튀긴 새우
소스가 바글바글 끓으면 풋고추와 다진 파를 넣고, 튀긴 새우를 넣어
버무린다.
⋯ 풋고추와 다진 파는 색깔이 살아 있게 하기 위해 마지막에 넣어요.

풋고추와 다진 파는 나중에!

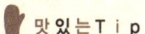 **맛있는 Tip**
▶ 깐쇼 소스로 만드는 또 다른 요리⋯깐쇼비엔나(p.328)
▶ 남은 달걀노른자를 이용하는 요리⋯카르보나라 떡볶이(p.272), 아이스크림(p.290)

뚝배기불고기

불고기와 찌개를 하나로!

당면과 자작한 국물이 있는 불고기 요리예요. 불고기를 이렇게 뚝배기에 찌개처럼 끓이면 국물 요리까지 해결되어 일석이조랍니다.
불고기 양념이 밴 당면과 버섯, 파를 넣어 푸짐하게 끓이는 뚝배기불고기!
온 가족이 함께 즐기기 좋아요.

재료(3~4인분)

- ☐ 쇠고기 불고깃감 300g
- ☐ 당면 50g
- ☐ 양파 ½개
- ☐ 표고버섯 1개
- ☐ 대파 1대
- ☐ 물 150ml
- ☐ 국간장 1큰술

불고기 양념

▶ 양념을 전날 만들어 고기를 미리 재워두면 좋아요.
- ☐ 간장 2큰술
- ☐ 설탕·배 간 것·다진 마늘 1½큰술씩
- ☐ 다진 파 1큰술
- ☐ 청주 1작은술

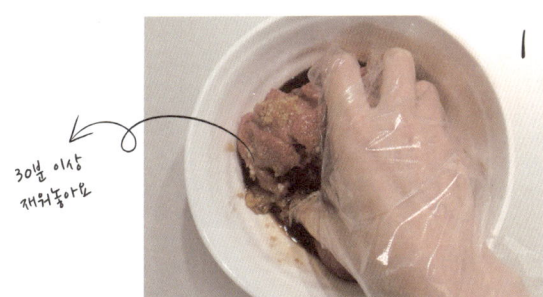

30분 이상 재워놓아요

❶ 불고기 양념하기
쇠고기에 분량대로 섞어 만든 양념을 조물조물 무쳐 30분 이상 재워놓는다.

❷ 당면 불리기
따뜻한 물에 당면을 넣고 10~15분 불린다.

❸ 채소 썰기
양파와 표고버섯은 채 썰고, 파는 2~3회 칼집을 넣어 양파 길이로 썬다.

❹ ① + 채소
재워놓은 불고기에 양파, 표고버섯, 파를 넣고 버무린다.

❺ 뚝배기에 담아 끓이기
불린 당면 ⇨ 채소와 섞은 불고기 ⇨ 물(150ml) + 국간장 순으로 뚝배기에 넣고 팔팔 끓인다.

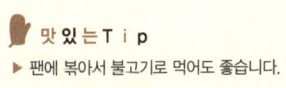

▶ 팬에 볶아서 불고기로 먹어도 좋습니다.

식구들끼리 간단하게!
샤브샤브

예전에는 손님 초대나 특별한 날 가끔 해먹곤 했는데 요즘은 냉장고 속 멸치 육수와 쯔유로 간단하게 만들어 먹는답니다. 격식에 얽매이지 않고 냉장고 속 다양한 채소들과 마트에서 샤브샤브용으로 썰어 판매하는 고기를 사다가 10분이면 준비해서 후딱 만드는 샤브샤브. 굳이 식구들이 다 모이지 않아도 작은 뚝배기나 냄비에 1인분씩 만들어 먹고, 주말에 느지막이 일어나 브런치 메뉴로 즐기기에도 정말 좋아요.

밥상에 힘을 주는 고기 요리 **169**

재료(2~3인분)
- 멸치 육수 500ml + 쯔유 1큰술(p.35)
- 샤브샤브용 쇠고기 200~300g(부챗살, 목등심 등 기름 없는 부위를 이용하세요.)
- 각종 채소(배추, 버섯, 숙주, 다양한 쌈채소, 단호박 등) 적당량
- 물만두, 어묵 등 적당량
- 쯔유, 땅콩 소스나 참깨 소스 적당량
- 칼국수 면 150g
- 다진 마늘 ½큰술
- 송송 썬 대파 약간
- 국간장 약간
- 밥 1공기
- 다진 김치 2큰술
- 김 가루 1큰술

땅콩 소스
▶ 약식으로 만들어 먹을 때 필요한 소스, 모든 재료를 분량대로 섞어요.
- 간장 1큰술
- 다진 마늘 1½큰술
- 땅콩버터·꿀 2큰술씩
- 레몬즙 1큰술

참깨 소스
▶ 정식으로 만들어 먹을 때 필요한 소스, 모든 재료를 한꺼번에 믹서에 곱게 갈아요.
- 참깨 6큰술
- 다시마 국물 6큰술
- 간장·맛술 2큰술씩
- 땅콩버터 1~2큰술
- 식초·레몬즙·설탕 1큰술씩
- 소금 1작은술

맛있는 Tip
▶ 만들어둔 쯔유가 없다면 멸치 육수(1큰술) + 간장(1큰술) + 식초(1큰술) + 레몬즙 약간 + 실파 약간으로 소스를 만드세요.
▶ 참깨 소스는 마트에서 구입이 가능하고 없으면 쯔유만으로도 맛있게 먹을 수 있답니다.
▶ 쯔유 만들기와 활용하기(p.35)
▶ 샤브샤브용 고기로 만드는 또 다른 요리… 쇠고기말이주먹밥(p.314)

❶ 재료 준비하기
각종 채소와 샤브샤브용 고기 등을 먹기 좋게 썰어 준비하고, 쯔유와 소스, 칼국수 면(+파, 마늘)을 준비한다. 멸치 육수에 쯔유를 넣고 끓이다가 채소와 고기부터 넣어 익혀 먹기 시작한다.

❷ 칼국수 만들기
고기와 채소를 먹은 후 멸치 육수를 보충한다. 칼국수 면과 마늘, 파를 넣고 국간장으로 간을 해서 국수를 끓여 먹는다.

❸ 죽 만들기
칼국수를 먹은 후 밥과 김치, 김 가루를 넣고 죽을 끓여 먹는다.

> 곁들이면 좋은 채소 요리

김치 양념을 이용해서 만드는
다양한 즉석 김치들

김치 양념을 넉넉히 만들어두면 다양한 겉절이와 김치들을 쉽게 만들 수 있어요.
냉장고에 보관했다가 부추김치, 오이김치, 배추겉절이, 깻잎 등 다양한 김치를 필요한 만큼 소량씩 만들 수 있어서 정말 편한 김치 양념이랍니다.

김치 양념
- ☐ 찹쌀풀 2컵(찹쌀가루 2큰술 + 물 2컵)
  (찹쌀가루와 물을 저으면서 끓인 뒤 식히세요.)
- ☐ 고춧가루 3컵
- ☐ 다진 마늘 1컵
- ☐ 다진 생강 1큰술
- ☐ 멸치액젓 ½컵
- ☐ 새우젓 ½컵

모든 재료를 잘 섞어서 냉장 보관한다.

부추오이김치
- ☐ 오이 3개
- ☐ 부추 1줌
- ☐ 양파 ½개
- ☐ 김치 양념 3큰술
- ☐ 굵은 소금 1큰술
- ☐ 통깨 약간

오이를 4cm 길이로 썰고 나서 다시 반으로 썬 다음 굵은 소금 1큰술을 고루 뿌려 1시간 정도 절인다. ➪ 부추는 4cm 길이로 썰고, 양파는 채 썬다. ➪ 절인 오이, 부추, 양파에 김치 양념과 통깨를 넣고 버무린다.

부추김치
깨끗이 씻은 부추와 채 썬 양파에 김치 양념을 넉넉히 넣어 버무린다.

깻잎김치
김치 양념에 채 썬 양파를 넣어 섞은 뒤 깨끗이 씻은 깻잎 사이사이에 넣어 양념과 깻잎을 켜켜이 쌓는다

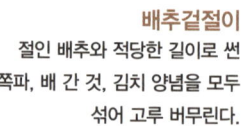

배추겉절이
절인 배추와 적당한 길이로 썬 쪽파, 배 간 것, 김치 양념을 모두 섞어 고루 버무린다.

상추겉절이

고기 구워 먹을 때 어울리는
상추겉절이와 파무침

고기를 먹을 때 곁들이면 식탁이 풍성해지는 채소 요리예요. 고기 먹을 때 외에도 샐러드, 반찬으로도 유용하답니다.

상추겉절이 양념
- 고춧가루 1½큰술
- 간장 ½큰술
- 멸치 액젓 ½큰술
- 설탕 ½큰술
- 참기름 ½큰술
- 깨소금 1큰술

양념 재료를 모두 섞은 다음 먹기 좋게 뜯어 놓은 상추, 채 썬 양파, 어슷 썬 고추를 넣고 함께 무친다.

파무침 양념
- 고춧가루 1큰술
- 간장 1큰술
- 멸치 액젓 1큰술
- 식초 1큰술
- 매실청 1큰술
- 설탕 ½큰술
- 다진 마늘 ⅙큰술
- 참기름 1큰술
- 깨소금 1큰술

양념 재료는 모두 섞어두고, 파채는 찬물에 30분 정도 담가 매운맛을 뺀 다음 파채와 양념을 함께 무친다.

파무침

곁들이면 좋은 채소 요리

간단하게 만드는
채소피클

오이, 양파, 무, 파프리카 등 다양한 채소들로 간단하게 만드는 피클이에요. 냉장고에 남아 있는 자투리 채소를 이용해도 좋답니다. 적당한 크기로 먹기 좋게 썰어서 단촛물만 부으면 되는 정말 간단한 피클이니 꼭 한번 만들어보세요.

재료
- 오이 1개
- 양파 1개
- 무 150g
- 빨강 파프리카 ½개
- 노랑 파프리카 ½개
- 월계수 잎 3장

단촛물
▶고루 저어서 설탕과 소금을 녹이세요.
- 생수 3컵
- 설탕 ⅓컵
- 식초 ⅓컵
- 소금 1큰술

채소를 모두 적당한 크기로 썰어 병에 담고, 단촛물을 만들어 부어서 냉장 보관한다.
→ 하루 정도 냉장 보관한 후 드세요.

1시간 정도 절이세요

냉장고에 하루 이틀 두었다 먹어요

아삭아삭, 새콤달콤 중국식 오이김치
마라황과

고급스러운 중국 식당에 가면 절인 땅콩, 짜사이무침과 같이 나오는 새콤달콤한 오이피클이 중국식 오이김치 마라황과예요. 마라황과는 오이김치보다 만들기가 쉽답니다. 밥반찬으로도 좋고 한동안 두고 먹어도 되니 냉장고에 두고 밑반찬으로 활용하세요.

재료
☐ 오이 큰 것 5개(작은 오이는 7개 정도)
☐ 굵은 소금 ½컵

소스
☐ 설탕·식초 1컵씩
☐ 고추기름 3큰술 ☐ 두반장 2큰술
☐ 마늘 5톨 ☐ 홍고추 2개

두반장
매콤한 쓰촨식 요리에 많이 쓰이는 콩으로 만든 중국 소스예요. 중국 요리의 매콤한 맛은 대부분 두반장을 이용한답니다.

❶ 채소 썰기
오이는 5cm 정도 길이로 썰어 다시 4~6등분한다. 홍고추는 반 갈라 가늘게 채 썰고, 마늘은 편으로 썬다.

❷ 오이 절이기
썰어둔 오이에 굵은 소금을 고루 뿌리고 버무려 1시간 정도 절인다. 오이의 숨이 죽으면 물에 살짝 헹군 뒤 물기를 꼭 짠다.

❸ 소스 끓이기
냄비를 약한 불에 올리고 설탕과 식초를 넣어 녹인 후 고추기름, 두반장, 홍고추, 마늘을 넣고 끓인다. 냄비 가장자리가 보글보글 끓기 시작하면 불을 끈다.

❹ 절인 오이 + 소스
물기를 제거한 오이에 끓인 양념을 뜨거울 때 붓는다. 병에 담아 냉장고에서 하루나 이틀 정도 두어 맛이 들면 먹는다.

CHAPTER 04

가벼운 한 끼로 좋은
샐러드
·
수프
·
샌드위치와 토스트

부드러운 리코타 치즈와 크랜베리가 너무 맛있는 샐러드
리코타치즈샐러드와 발사믹 소스

처음 리코타치즈샐러드를 먹었을 때 정말 감동이었죠. 고소한 리코타치즈와 아몬드, 크랜베리가 채소들과 잘 어울리더군요. 인터넷을 뒤져 리코타 치즈 만드는 법을 알아내 만들었는데 정말 맛있었어요. 샐러드에 빵 몇 쪽만 곁들이면 충분한 한 끼 식사가 되는 '완소' 샐러드랍니다.

재료(1접시)

▶ 샐러드의 분량은 취향껏 조절하세요.
- 다양한 어린잎 채소들(청경채, 비타민, 무순, 치커리 등 어린잎 채소) 모아놓은 것 구입
- 리코타 치즈 적당량 ▶리코타 치즈 만들기(p.178)
- 슬라이스 아몬드 · 건크랜베리 약간씩
- 발사믹 소스 1~2큰술
- 식빵 또는 잡곡빵 약간

발사믹 소스

시판 발사믹 크림이나 발사믹 소스를 구입해 사용해도 되지만, 발사믹 식초가 있다면 만드는 것도 어렵지 않아요. 발사믹 식초 300ml를 7~8분 정도 끓여서 반으로 졸이고, 설탕 3큰술과 꿀 1큰술을 넣어 잠깐 끓여 식히면 완성! 간단하게 발사믹 식초에 꿀만 조금 섞어서 약식으로 만들어도 먹을 만하답니다.

❶ 담기
그릇에 어린잎 채소를 골고루 섞어 담고 무르게 만든 리코타 치즈를 스푼으로 떠서 군데군데 올린다. 여기에 슬라이스 아몬드와 건크랜베리를 취향껏 올린다.

❷ 빵 + 소스
식빵이나 잡곡빵 등을 살짝 구워 곁들이고 발사믹 소스를 뿌린다.

맛있는 Tip
▶ 리코타치즈샐러드를 만들 때는 리코타 치즈를 크림치즈 정도로 무르게 만들어 사용하세요.
▶ 크랜베리를 이용해 만드는 또 다른 요리…치킨크랜베리샌드위치(p.208)

집에서 간단하게 만드는 고소한 수제 치즈
리코타치즈

우유, 생크림, 레몬즙이나 식초, 소금만으로 집에서 간단하게 만들 수 있는 리코타 치즈! 크림치즈보다 칼로리도 낮고, 정말 집에서 만든 치즈가 맞나 싶게 고소하고 맛있답니다.
무르게 만들어서 리코타치즈샐러드를 만들거나 크림치즈처럼 빵에 발라 먹어도 맛있고, 딱딱하게 만들어 썰어서 샐러드에 조금씩 넣어 먹어도 맛있고….
만들기도 쉽고 맛도 있어서 한번 만들어보면 절대 후회하지 않을 거예요!

재료(200~250g)
- 일반 우유 500ml
  (저지방 우유는 응고가 잘 일어나지 않으니까 일반 우유를 사용하세요.)
- 생크림 250ml
- 레몬즙 25ml
  (식초 25ml로 대신해도 괜찮아요.)
- 소금 약간
  (소금은 넣지 않아도 되고, 취향에 따라 ½~1큰술 정도 넣어도 됩니다.)

가벼운 한 끼로 좋은 샐러드 · 수프 · 샌드위치와 토스트

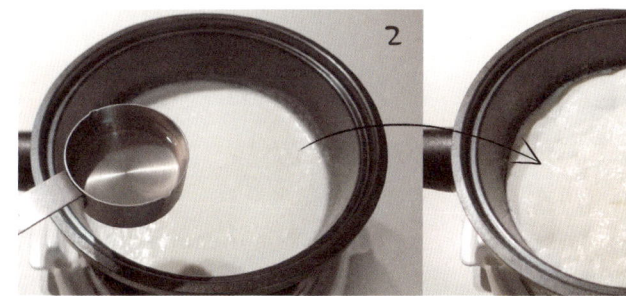

❶ 우유 + 생크림 + 소금 끓이기
냄비에 우유와 생크림을 넣고, 취향에 따라 소금을 넣어 저은 후 중간 불에서 끓인다.

❷ ① + 레몬즙
냄비 가장자리가 보글보글 끓기 시작하면, 아주 약한 불로 줄여 온도가 유지되도록 한 상태에서 레몬즙을 넣고 가볍게 저어 살짝 섞는다. 이후에는 응고가 일어나도록 절대로 젓지 말고 40분~1시간 동안 아주 약한 불에서 끓인다.
···▶ 우유 단백질의 응고 온도는 80℃ 정도로 냄비의 가장자리만 끓는 정도의 온도예요. 이 상태를 유지해야 응고가 잘 일어난답니다. 온도가 너무 낮거나 높아도 응고가 잘 되지 않고 중간에 저어도 응고가 되지 않으니 유의하세요.

❸ 리코타 치즈 거르기
그릇 위에 체를 올리고 면포를 깐 후 ②를 붓는다. 면포를 뭉쳐 위에 무거운 것을 올려 눌러놓는다.

❹ 리코타 치즈 완성
원하는 농도가 될 때까지 1~6시간 동안 누른 후 통에 담아서 냉장 보관한다.
···▶ 냉장 보관하는 동안 처음보다 단단해지기 때문에 원하는 농도보다 약간 무르게 만드는 게 좋습니다.

맛있는 Tip
- 우유와 생크림을 끓일 때 끓어 넘치지 않도록 주의하고 온도가 너무 올라간 듯하면 불에서 잠깐 내리세요.
- 리코타치즈샐러드(p.176)를 만들려면 크림치즈보다 무른 상태로 만들어야 합니다.
- 첨가물이 전혀 들어 있지 않기 때문에 되도록 빨리 먹는 게 좋아요. 밀폐 용기에 담고 먹을 때마다 덜어서 먹으면 2주 이상 보관할 수 있습니다.
- 거를 때 나오는 유청은 집에서 키우는 식물의 영양제로 쓰거나 마사지할 때 쓰면 좋다고 합니다.

집에 있는 재료로 만드는 맛있는 샐러드와 소스
상추만두피샐러드와 오리엔탈 소스 l

지금까지 주변에 레시피를 수십 장 써준 '완소' 아이템이에요. 큰딸 도시락에 거의 매일 싸준 샐러드와 소스인데 딸의 친구들까지 알려달라고 해서 레시피를 써줬답니다.
오리엔탈 소스는 집에 있는 양념들을 섞어서 만드는데 양상추보다는 상추나 깻잎 같은 한국적인 채소에 잘 어울리지요.
샐러드를 좋아하지 않는 아이들도 맛있게 먹는, 정말 간단하지만 맛있는 샐러드와 소스예요.

재료(1접시)

- 만두피 3장
- 상추 10장
- 양파 ⅛개
- 깻잎 3장
- 식용유 적당량

오리엔탈 소스 I(120ml 정도)

- 현미 식초 7큰술(과일 식초나 2배 식초를 쓰면 너무 신맛이 강해져요.)
- 간장 4큰술
- 포도씨유 4큰술
- 설탕 ½큰술
- 고춧가루 ⅔큰술
- 다진 마늘 1큰술

키친타월에 올려 기름을 빼며 식혀요

❶ 만두피 튀기기
만두피를 2등분한 후, 1cm 정도 두께로 길쭉하게 썬다. 160℃로 예열한 기름에 튀긴 뒤 식힌다.

❷ 채소 준비하기
상추는 먹기 좋은 크기로 뜯고, 양파와 깻잎은 가늘게 채 썬다.

❸ 소스 만들기
재료를 분량대로 섞어서 오리엔탈 소스 I을 만든다.

❹ 담기
채소를 고루 섞어 그릇에 담고 위에 튀긴 만두피를 올린 후 소스를 뿌려 낸다.

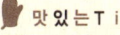 맛있는 Tip

- ▶ 오리엔탈 소스 I은 현미 식초 7큰술 대신 현미 식초 6큰술과 레몬즙 1큰술로 만들면 더 맛있어요!
- ▶ 소스를 넉넉하게 만들어 냉장고에 보관해서 쓰면 좋답니다.
- ▶ 소스를 냉장고에 보관할 경우 올리브유는 어는점이 높아서 엉겨버리기 때문에 포도씨유로 만드는 게 좋습니다.
- ▶ 닭가슴살이나 구운 차돌박이를 올려도 맛있고, 상추만으로 만들어도 맛있답니다.

구운 차돌박이를 얹은 맛있는 한식 샐러드
차돌박이샐러드와 오리엔탈 소스 II

저는 차돌박이를 된장찌개, 청국장, 순두부찌개 등을 끓일 때 자주 사용해서 우리 집 냉장고에는 항상 차돌박이가 있어요. 기름기가 있어 고기만 먹기에는 약간 부담스럽기도 한데 상추, 양파, 부추와 함께 샐러드를 만들어 고춧가루를 넣은 소스를 뿌려 먹으면 정말 맛있답니다.

재료 (1접시)
- 차돌박이 150g
- 상추·양파·영양부추·깻잎 적당량씩

오리엔탈 소스 II (100ml 정도)
- 간장 3큰술
- 배즙 2큰술 (시판 배즙을 사용해도 됩니다.)
- 현미 식초 2큰술 (과일 식초나 2배 식초를 쓰면 너무 신맛이 강해져요.)
- 다진 청양고추·다진 파 1큰술씩
- 포도씨유 1 ½큰술
- 다진 마늘·설탕·통깨 ½큰술씩
- 고춧가루·참기름 ⅓큰술씩

❶ 재료 준비하기
차돌박이는 먹기 좋은 크기로 썰고, 상추도 먹기 좋게 뜯어놓는다. 양파는 채 썰고, 다른 채소들도 적당한 크기로 썰어놓는다.

❷ 차돌박이 굽기
달군 팬에 차돌박이를 구운 뒤 키친타월 위에 올려 식힌다.

❸ 소스 만들기
소스 재료를 분량대로 쉬어 오리엔탈 소스 II를 만든다.

❹ 담기
채소들을 고루 섞어 접시에 담고 위에 차돌박이를 올린다. 먹기 직전에 소스를 뿌려 낸다.

소스는 먹기 직전에 뿌리세요

맛있는 Tip
▶ 차돌박이샐러드는 오리엔탈 소스 I(p.181)에도 잘 어울려요.
▶ 같이 먹기 좋은 밥…고추장주먹밥(p.308)

채소와 닭가슴살로 만드는 폼 나는 샐러드
닭가슴살냉채와 파인애플 소스

각종 채소와 삶은 닭가슴살을 파인애플이 든 상큼한 소스에 버무려 먹는 샐러드예요. 예쁘게 채 썬 채소들과 닭가슴살을 접시에 돌려 담으면 모양도 예쁘고, 미리 만들어놓기도 좋아서 손님상에 놓거나 포틀럭 파티에 가져가기에 좋은 폼 나는 샐러드랍니다.

재료(4인분)

- 닭가슴살 300g
- 오이·당근·양상추·양배추 모두 채 썬 것 크게 1줌씩
- 밤 2~3개(밤을 넣으면 고급스럽답니다.)

닭가슴살 삶는 물

- 물 500ml
- 마늘 3톨
- 대파 1대
- 청주 2큰술
- 통후추 5개

파인애플 소스(250ml 정도)

▶ 믹서에 갈아 차게 보관하세요.
- 통조림 파인애플 슬라이스 3개(작은 통조림으로는 3개, 큰 통조림으로는 1개)
- 양파 ⅓개
- 마요네즈 10큰술
- 설탕·물 1큰술씩
- 현미 식초 1큰술(과일 식초나 2배 식초를 쓰면 너무 신맛이 강해진답니다.)
- 레몬즙 ½큰술 ☐ 소금 ½작은술

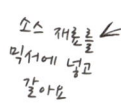

소스 재료를 믹서에 넣고 갈아요

❶ 닭가슴살 삶기
닭가슴살 삶는 물을 분량대로 만들어 닭가슴살을 넣고 푹 삶은 뒤 닭살을 가늘게 손으로 찢어놓는다.

❷ 소스 만들기
소스 재료를 분량대로 섞은 뒤 믹서에 갈아서 냉장고에 차게 보관한다.

❸ 채소 썰기
오이는 돌려 깎아 채 썰고, 당근, 양상추, 양배추도 가늘게 채 썬다. 밤은 편으로 썬다.

❹ 담기
커다란 접시에 채소를 보기 좋게 돌려 담고, 가운데에 닭가슴살을 담은 뒤 소스를 곁들여 낸다.

가래떡을 얹은 샐러드와 상큼한 소스
떡샐러드와 사과즙 소스

떡국 떡을 구워 샐러드에 올려 먹으면 든든하기도 하고 떡의 쫀득한 식감이 샐러드를 더 맛있게 해준답니다. 사과즙을 넣어 만든 소스는 상큼하면서 가벼워 채소들과 잘 어울리고, 칼로리가 낮아 다이어트에도 좋지요.

재료 (1접시)
- 떡국 떡 1줌
- 양상추 1장
- 파프리카 ¼개
- 어린잎 채소 1줌
- 꿀 1큰술
- 파르메산 치즈 가루 ½큰술
- 식용유 약간

사과즙 소스 (120ml 정도)
- 포도씨유 3큰술
- 현미 식초 3큰술(과일 식초나 2배 식초를 쓰면 너무 신맛이 강해진답니다.)
- 간장·레몬즙 3큰술씩
- 설탕 2큰술
- 사과즙 2큰술(강판에 갈아 즙만 사용해요.)
- 소금 약간

떡이 너무 딱딱하면 살짝 쪄서 사용하세요

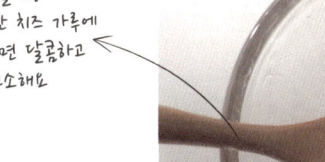

꿀이랑 파르메산 치즈 가루에 버무리면 달콤하고 고소해요

❶ 재료 준비하기
떡국 떡은 밀링한 것으로 준비하고, 양상추는 한입 크기로 뜯어놓는다. 파프리카는 먹기 좋게 썰고, 어린잎 채소는 씻어서 물기를 제거한다.

❷ 떡국 떡 구워 양념하기
달군 팬에 기름을 조금만 두르고 딱딱해지지 않도록 떡을 살짝 구운 후, 꿀과 파르메산 치즈 가루를 넣고 섞는다.

❸ 사과즙 소스 만들기
재료를 분량대로 섞어 사과즙 소스를 만든다.

❹ 담기
채소를 골고루 섞어서 담고 위에 ❷의 떡국 떡을 올린 후 소스를 곁들여 낸다.

구운 닭가슴살을 얹은 상큼한 샐러드
닭가슴살샐러드와 만다린 소스

각종 채소에 카레 가루로 밑간한 구운 닭가슴살을 얹고, 오렌지주스를 넣어 만든 소스를 곁들인, 든든하면서도 가벼운 샐러드예요. 카레 향이 나는 닭가슴살과 신선한 채소, 껍질을 벗긴 달콤한 귤, 깔끔한 소스가 정말 잘 어울리는 샐러드랍니다.

가벼운 한 끼로 좋은 샐러드·수프·샌드위치와 토스트 **189**

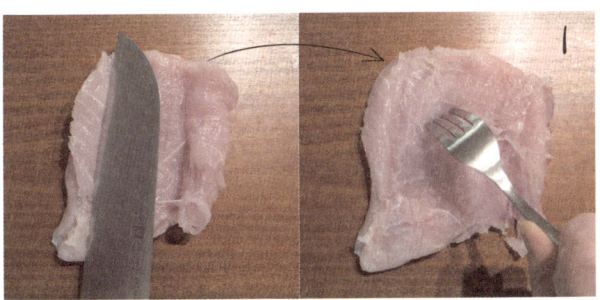

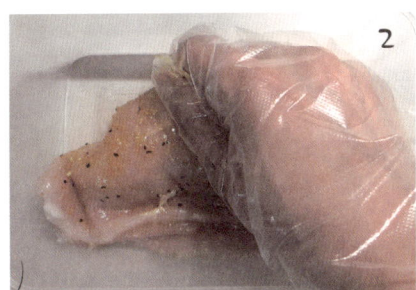

골고루 밑간해요

재료(1접시)
- 닭가슴살 100g
- 양파·양배추·어린잎 채소 등 적당량씩
- 통조림 밀감 또는 오렌지나 귤 적당량
- 식용유 약간

닭가슴살 밑간
▶ 전날 미리 재워놓아도 좋아요.
- 카레 가루·허브 솔트 1작은술씩
- 포도씨유 1큰술

만다린 소스(100ml 정도)
- 올리브유 6큰술 □ 연겨자 1작은술
- 현미 식초 2큰술(과일 식초나 2배 식초를 쓰면 너무 신맛이 강해진답니다.)
- 레몬즙·오렌지주스 1큰술씩
- 설탕 ½작은술 □ 소금·파슬리 약간씩

❶ **닭가슴살 손질**
닭가슴살의 두꺼운 부분을 포 뜨듯이 떠서 일정한 두께로 만들고 살 중간 중간을 포크로 찔러놓는다.

❷ **닭가슴살 밑간하기**
밑간 재료를 닭가슴살에 고루 뿌려 밑간한다.

❸ **채소 준비하기**
양파는 가늘게 채 썰고, 양배추는 손으로 먹기 좋게 뜯어놓는다.
어린잎 채소는 씻어서 물기를 제거한다. 밀감은 통조림 또는 병조림으로 준비하거나 귤 또는 오렌지의 껍질을 벗겨서 과육만 준비한다.

❹ **닭가슴살 구워 썰기**
달군 팬에 기름을 두르고 밑간한 닭가슴살을 구운 후 길쭉하게 썰어서 식힌다.

❺ **만다린 소스 만들기**
재료를 분량대로 섞어 만다린 소스를 만든다.

❻ **담기**
채소와 귤을 골고루 섞어 담고, 닭가슴살을 올린 다음 소스를 곁들여 낸다.

톡톡 씹히는 흑미와 고소한 들깨 소스로 만든 든든한 샐러드
흑미샐러드와 들깨 소스

흑미 찹쌀이 들어 있어서 충분한 한 끼 식사가 되고 몸에 좋은 들깨를 넣은
고소한 소스가 매력적인 샐러드예요. 톡톡 씹히는 흑미 찹쌀이 심심한
샐러드를 꽉 채워주고, 들깨가 듬뿍 든 소스는 닭가슴살과 정말
잘 어울린답니다.

재료(1접시)
- 익힌 흑미 찹쌀 1컵
  (넉넉히 만들어 나머지는 보관해두고 활용하세요.)
- 닭가슴살 100g
- 양상추 2줌
- 노랑·빨강 파프리카 ¼개씩
- 양파 ⅛개 ▫ 방울토마토 3개

닭가슴살 삶는 물
- 물 500ml
- 대파 1대 ▫ 청주 2큰술
- 통후추 5개 ▫ 월계수 잎 1장

들깨 소스
▶ 믹서에 갈거나 잘 섞으세요.
- 들깨가루 5큰술
- 물 3큰술 ▫ 들기름 1큰술
- 꿀·간장·소금 1작은술씩
- 다진 마늘 ½작은술

흑미 끓인 물은 버리지 말고 차처럼 드세요

식은 닭은 손으로 찢어놓아요

취향에 따라 소금을 가감하세요

❶ 흑미 찹쌀 익히기
흑미 찹쌀(150g)을 물(1.5L)에 넣고 40분 정도 끓여서 익힌 후, 찬물에 헹궈 물기를 뺀다. 이렇게 익힌 흑미 찹쌀은 3~4컵이 되는데, 한 번 먹을 만큼 나누어 냉동실에 보관하다가 실온에서 해동해 다양한 샐러드에 활용하면 좋다.

❷ 닭가슴살 삶기
닭가슴살 삶는 물을 분량대로 준비해 닭가슴살을 삶은 후 식힌다. 식은 닭살은 손으로 찢어놓는다.

❸ 들깨 소스 만들기
재료를 분량대로 섞어 믹서에 넣고 곱게 갈아서 들깨 소스를 만든다.
⋯ 갈지 않고 잘 섞어서 만들어도 좋아요.

❹ 채소 준비하기
양상추는 한입 크기로 뜯고, 파프리카와 양파도 먹기 좋은 크기로 잘게 썬다.

❺ 담기
접시에 채소를 고루 섞어 담고 흑미 찹쌀(1컵)과 닭가슴살을 올린 뒤 소스를 뿌린다.

채소샐러드에 잘 어울리는 상큼한 소스
채소샐러드와 키위 소스

기본적인 채소 샐러드와 키위 소스는 정말 잘 어울려요.
키위 소스는 파인애플과 그린키위, 레몬과 양파를 넣어 새콤달콤
상큼한 맛이 일품이죠. 한꺼번에 믹서에 갈아서 만드는 소스라
많은 양의 샐러드를 만들어야 할 때 정말 유용하답니다.
기름진 요리에 곁들이면 아주 좋아요.

> 채소는 취향대로
> 다양하게
> 준비하세요

차게 하면 더욱 맛있어요

재료
▶ 샐러드 채소는 자유롭게 준비하세요.

키위 소스(450ml 정도)
▶ 샐러드 5접시 이상 만들 수 있는 분량이므로 한꺼번에 만들어 다양한 샐러드에 활용하세요.
▶ 믹서에 갈아 차게 보관하세요.
- 통조림 파인애플 슬라이스 1개(작은 통조림으로는 3개, 큰 통조림은 1개)
- 그린 키위 ½개
- 양파 ½개
- 포도씨유 1컵
- 설탕 ½컵
- 현미 식초 ½컵(과일 식초나 2배 식초를 쓰면 너무 신맛이 강해진답니다.)
- 레몬즙 2큰술
- 머스터드 소스 ½큰술
- 소금 1½작은술

❶ 소스 만들기
재료를 모두 분량대로 섞은 뒤 믹서에 갈아 키위 소스를 만든다. 냉장고에 차게 해서 내면 더욱 맛있다.

❷ 각종 채소와 소스 곁들이기
준비한 각종 채소에 소스를 곁들여 내서 적당량 뿌려 먹는다.

든든한 한 끼가 되는 부드러운 수프
감자수프

감자와 양파로 간단하게 끓일 수 있는 든든하고 부드러운 수프예요. 수프 위에 크루통을 올리거나 브레드 볼에 담아서 내면 간단한 식사도 되는 수프랍니다. 생크림과 우유를 넣기 전 상태(감자수프 베이스)로 냉장고에 3~4일 정도 보관해도 되기 때문에 미리 만들어두면 아침에 휘리릭~ 끓여낼 수 있어요.

재료(4~5인분)
- 감자 4개
- 양파 ½개
- 물 적당량
- 버터 1큰술
- 식용유 1큰술
- 밀가루 1½큰술
- 우유 적당량
- 생크림 약간
- 소금 약간

❶ **재료 썰기**
감자는 2~4등분하고, 양파는 채 썬다.

❷ **감자 삶기**
냄비에 감자를 넣고 물을 자작하게 부어 삶는다.

❸ **양파 볶기**
팬에 버터와 식용유를 넣고 양파를 볶는다. 투명하게 볶아지면 밀가루를 넣고 노릇노릇해질 때까지 볶는다.

❹ **삶은 감자 + 볶은 양파 갈기**
감자 삶은 냄비에 볶은 양파를 옮겨 핸드 믹서로 함께 갈아 감자수프 베이스를 만든다. 믹서에 갈 경우 감자와 감자 삶은 물, 볶은 양파를 같이 옮겨 간다.
…→ 여기까지 만들어서 냉장고에 보관해두었다가 그때그때 먹을 만큼 덜어 우유와 생크림을 섞어서 끓이면 항상 신선한 감자수프를 만들 수 있어요.

❺ **농도 조절과 간하기**
감자수프 베이스에 우유를 넣어 원하는 농도를 만들고 생크림을 약간 넣어 끓인 후 소금으로 간한다.

곱게 갈아요

생크림은 너무 많이 넣으면 느끼해질 수 있으므로 우유와 섞어서 소량만 넣으세요

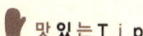
맛있는 Tip
▶ 감자수프 베이스에 슬라이스 치즈를 넣고 끓여도 맛있어요. 치즈를 넣을 때는 소금간을 약하게 하세요.
▶ 우유를 넣어 농도 조절을 할 때, 베이스가 너무 빽빽하면 물을 섞어 넣으세요.
▶ 식빵 테두리로 만들 수 있는…크루통(p.196)

수프에 넣어도, 과자처럼 그냥 먹어도 맛있는
크루통

샌드위치 만들 때 잘라낸 식빵 테두리로 만들면 좋은 크루통. 수프에 넣어 먹어도 맛있고 과자처럼 그냥 먹어도 맛있어요. 요즘은 샌드위치 만들 때 테두리를 잘 잘라내지 않다 보니까 그냥 식빵으로 만든답니다. 그래도 역시 크루통은 식빵 테두리가 제 맛이죠!

재료
- [ ] 식빵 3장

소스
▶ 식빵 1장당 필요한 소스 재료예요. 식빵 개수에 맞춰 같은 비율로 양을 늘리세요.
- [ ] 올리브유 1큰술
- [ ] 다진 마늘 1작은술
- [ ] 파르메산 치즈 가루 1작은술
- [ ] 파슬리 1작은술

도톰한 식빵을 사용하면 더 좋아요

❶ 식빵 썰기
식빵을 적당한 크기로 썬다.

❷ 소스 + 식빵
소스 재료를 분량대로 섞은 뒤 썰어놓은 식빵을 넣고 잘 버무린다.

❸ 굽기
오븐 팬에 기름 종이를 깔고, 겹치지 않게 식빵을 올려 200℃로 예열한 오븐에 10분 정도 굽는다.

노릇노릇해질 만큼 구워요

식빵테두리로 만든 크루통!

🍞 맛있는 Tip
▶ 식빵을 스틱 모양으로 잘라서 만들어도 좋아요.
▶ 식빵 테두리를 잘라내 만드는…포켓샌드위치(p.210)

색깔도 너무 예쁜 고소한 봄 수프!
완두콩수프

요즘은 계절에 상관없이 완두콩을 살 수 있지만 제철인 봄에 사서 끓이면 더욱 맛있는 수프예요. 완두콩이 쌀 때 많이 구입해 손질해서 냉동실에 넣어두고 끓여 먹으면 좋답니다. 맛도 있지만 색깔도 너무 예뻐서 눈과 입이 즐거운 수프예요.

재료(4~5인분)
- 완두콩 300g(종이컵 3컵 정도)
- 양파 ½개
- 감자 1개
- 버터 1큰술
- 식용유 1큰술
- 밀가루 1½큰술
- 물 700~800ml
- 우유 적당량
- 생크림 약간
- 소금 약간

❶ **재료 준비하기**
완두콩은 껍질을 벗겨 깨끗이 씻고, 양파는 채 썬다. 감자는 납작하게 썬다.

❷ **양파 볶기**
냄비에 버터와 식용유를 넣고 양파를 볶다가 양파가 투명해지면 밀가루를 넣어 노릇노릇해질 때까지 볶는다.

❸ **② + 감자**
②에 감자를 넣고 볶는다.

❹ **③ + 물 + 완두콩**
③에 분량의 물을 넣고 끓어오르면 완두콩을 넣는다.
⋯ 물이 끓을 때 완두콩을 넣어야 수프 색깔이 예쁘답니다.

완두콩은 물이 끓을 때 퐁당!

❺ **믹서에 갈기**
감자와 완두콩이 익으면 잠깐 식힌 후 믹서에 곱게 갈아 완두콩수프 베이스를 만든다.
⋯ 곱게 갈면 굳이 체에 거르지 않아도 고운 완두콩 수프가 된답니다.

❻ **농도 조절과 간하기**
완두콩수프 베이스에 우유를 넣어 원하는 농도를 만든 다음 생크림을 약간 넣고 끓이다가 소금으로 간한다.
⋯ 생크림은 너무 많이 넣으면 느끼해지므로 소량만 넣으세요.

생크림은 조금만~

맛있는 Tip
▶ 완두콩수프 베이스는 냉장고에서 3~4일 정도 보관 가능해요.

부드럽고 달콤한 영양 만점 수프
단호박수프

부드럽고 달콤한 단호박수프는 집에서 끓여도 호텔 레스토랑 수프처럼 맛내기가 쉬워요. 단호박 자체의 달콤한 맛 덕분에 별다른 노력 없이도 맛있는 수프가 완성되지요. 미리 손질해서 냉동실에 넣어두면 바쁜 아침에도 금방 끓여 먹을 수 있는 유용한 수프랍니다.

재료(3~4인분)

- ☐ 단호박 큰 것 1개
- ☐ 양파 ½개
- ☐ 버터 1큰술
- ☐ 식용유 1큰술
- ☐ 밀가루 1½큰술
- ☐ 물 300~400ml
- ☐ 우유 적당량
- ☐ 생크림 약간(생략 가능)
- ☐ 소금 약간

❶ 재료 준비하기
단호박은 통째로 전자레인지에 6~7분 돌려 손질하기 좋게 익힌다.
단호박 속을 파낸 뒤 껍질을 제거해 적당한 크기로 썰고, 양파는 채 썬다.
→ 전자레인지에서 중간에 한 번 뒤집어 골고루 익히세요.

❷ 양파 볶기
냄비에 버터와 식용유를 넣고 양파를 볶다가 양파가 투명해지면 밀가루를 넣어 노릇노릇하게 볶는다.

❸ ② + 단호박 + 물
②에 단호박과 분량의 물을 넣고 단호박이 익을 때까지 끓인다.
→ 전자레인지에 한 번 돌린 단호박은 금방 익어요.

❹ 믹서에 갈기
잠깐 식힌 후, ③을 믹서에 곱게 갈아 단호박수프 베이스를 만든다.
→ 여기까지 만들어서 냉장고에 보관하고 그때그때 먹을 만큼 덜어 우유와 생크림을 넣어 끓이면 항상 신선한 단호박수프를 만들 수 있답니다.

❺ 농도 조절과 간하기
냄비에 단호박수프 베이스를 넣고 우유로 농도를 맞춘 후 생크림을 약간 넣고 소금으로 간한다.
→ 단호박 자체에 간이 있으니 소금간은 조금만 하세요.

소금으로 간해요

🗣 맛있는 Tip
▶ 손질한 단호박을 냉동실에 보관하거나 단호박 베이스 상태로 냉장 보관하면 간단하게 단호박수프를 끓일 수 있어요.
▶ 단호박라떼 만들기…단호박수프 베이스와 우유, 꿀을 믹서에 갈아 전자레인지에 돌린 후 시나몬 파우더를 뿌리세요.

통조림 참치로 만드는 맛있는 샌드위치
참치샌드위치

통조림 참치에 양파와 피클을 다져 넣은 속으로 만드는 샌드위치예요.
만들기 쉬우면서 맛도 영양도 훌륭해서 샌드위치를 만들어야 할 때 제일 먼저
생각나는 레시피랍니다

가벼운 한 끼로 좋은 샐러드 · 수프 · 샌드위치와 토스트 **203**

재료(2개)
- 식빵 4장
- 상추 2~4장

샌드위치 속
- 통조림 참치 1캔(250g)
- 다진 양파 ⅛개 분량
- 다진 피클 1큰술
- 마요네즈 2큰술
- 허니 머스터드 소스 1큰술
- 후춧가루 약간

❶ 샌드위치 속 만들기
재료를 분량대로 섞어서 샌드위치 속을 만든다.

❷ 샌드위치 만들기
식빵 위에 상추를 깔고 그 위에 속을 얹은 후 다시 상추를 얹고 식빵으로 덮는다.

상추를 넣으면 식빵에 수분이 스며드는 것도 막고 채소도 먹을 수 있어서 좋아요

맛있는 Tip
▶ 샌드위치를 썰 때, 칼 위를 손으로 덮어 샌드위치를 눌러가며 썰면 속이 빠지지 않고 예쁘게 잘라집니다.

간단하게 만드는 고급스러운 샌드위치
치킨 페스토 샌드위치

정말 집에서 만든 건가 믿기지 않을 만큼 고급스럽고 맛있는 샌드위치예요. 바질 페스토 소스는 직접 만들어 쓰면 좋겠지만 대형 마트나 백화점에서 구입해서 써도 훌륭합니다. 통조림 닭가슴살로 만들어도 맛있고, 닭가슴살을 직접 삶아서 만들면 더 맛있어요.

재료(2개)
- ☐ 호밀 식빵 4장
- ☐ 어린잎 채소 50g ☐ 토마토 1개
- ☐ 허니 머스터드 소스 4큰술

샌드위치 속
- ☐ 통조림 닭가슴살 1캔(185g, 살만 준비)
- ☐ 다진 양파 ½개 분량
- ☐ 바질 페스토 소스 2~3큰술
- ☐ 마요네즈 2큰술

바질 페스토 소스
▶ 샌드위치뿐 아니라 스파게티 만들 때도 유용하고, 빵에 찍어 먹어도 맛있는 소스예요. 모든 재료를 합해 믹서에 곱게 가세요.
- ☐ 바질 50g + 잣 30g + 마늘 3톨 + 파르메산 치즈 가루 4큰술 + 올리브유 ½컵

가벼운 한 끼로 좋은 샐러드·수프·샌드위치와 토스트 **205**

순서대로 올려요

❶ **재료 준비하기**
어린잎 채소는 씻어서 물기를 제거하고, 토마토는 0.5cm 두께로 썰며, 양파는 다져놓는다.

❷ **샌드위치 속 만들기**
분량대로 재료를 섞어서 샌드위치 속을 만든다.

❸ **식빵 굽기**
팬에 식빵을 앞뒤로 살짝 굽는다.

❹ **샌드위치 만들기**
식빵에 허니 머스터드 소스를 바르고 어린잎 채소 ➪ 샌드위치 속 ➪ 토마토 ➪ 어린잎 채소 순으로 올린 뒤 허니 머스터드 소스 바른 식빵을 덮는다.

❺ **샌드위치 썰기**
칼 위를 손바닥으로 덮어 샌드위치를 누르면서 썰어 내용물이 빠지지 않도록 예쁘게 썬다.

🗣 맛있는 **Tip**
▶ 일반 식빵보다 호밀 식빵이나 잡곡 식빵 등으로 만들면 더 맛있답니다. 덩어리로 된 잡곡빵을 썰어서 사용하면 더욱 고급스러운 느낌의 샌드위치를 완성할 수 있어요.
▶ 통조림 닭가슴살 대신 닭가슴살을 삶아서 만들면 더욱 맛있습니다.

감자샐러드를 넣은 맛있는 샌드위치
모닝빵 샌드위치

모닝 빵에 감자샐러드와 상추, 베이컨을 넣어 만든 예쁘고 맛있는 샌드위치예요. 감자샐러드가 들어 있어서 든든하고 영양도 훌륭하답니다. 식빵에 만들어도 맛있지만 모닝 빵에 만들면 하나씩 집어 먹기도 편하고 만들기도 좀 더 간편해요.

재료 (9개)
- ☐ 모닝 빵 9개 (식빵으로 만들어도 맛있어요.)
- ☐ 베이컨 3줄
- ☐ 상추 5장
- ☐ 식용유 적당량

감자샐러드
- ☐ 감자·달걀 3개씩
- ☐ 양파·당근 ⅓개씩
- ☐ 오이 ½개
- ☐ 소금 ⅓작은술
- ☐ 마요네즈 6큰술
- ☐ 허니 머스터드 소스 2큰술

가벼운 한 끼로 좋은 샐러드 · 수프 · 샌드위치와 토스트 **207**

❶ 감자와 달걀 삶아 으깨기
감자와 달걀은 삶아 감자는 뜨거울 때 으깨고 달걀은 적당한 크기로 잘라놓는다.

❷ 재료 준비하기
베이컨은 3등분하고, 상추는 모닝 빵 크기로 찢어놓는다. 양파와 당근은 잘게 다지고, 오이는 길게 반으로 잘라 얇게 반달 모양으로 썰어 소금을 뿌리고 10분 정도 절인 뒤 물기를 꼭 짠다.

❸ 베이컨 굽기
베이컨은 바삭하게 구워 키친타월에 올려 기름을 뺀다.

❹ 감자샐러드 만들기
①에 양파, 당근, 오이, 마요네즈와 허니 머스터드를 넣어 잘 섞는다.

❺ 샌드위치 만들기
모닝 빵을 반으로 가른 뒤 한쪽 빵 위에 상추 ⇨ 감자샐러드 ⇨ 베이컨 순서로 올리고 빵으로 덮는다.

맛있는 Tip
▶ 감자는 뜨거울 때 으깨야 잘 으깨지고, 마요네즈는 감자가 약간 식었을 때 넣고 섞어야 겉돌지 않고 잘 섞입니다.

치킨과 너무 잘 어울리는 크랜베리!
치킨크랜베리샌드위치

커피 전문점과 빵집 샌드위치 메뉴로 인기가 많은 샌드위치예요. 통조림 닭가슴살로 만들어도 맛있고, 닭가슴살을 삶아서 만들어도 아주 맛있는 깔끔한 샌드위치랍니다. 중간중간 씹히는 크랜베리가 닭가슴살과 너무나 잘 어울리는 건강하고 맛있는 샌드위치예요.

가벼운 한 끼로 좋은 샐러드·수프·샌드위치와 토스트 209

재료 (2개)
- ☐ 호밀 식빵 4장
- ☐ 양상추 식빵 크기 4장
- ☐ 상추 8장 ☐ 토마토 1개
- ☐ 다진 피클 1큰술
- ☐ 마요네즈 3큰술

샌드위치 속
- ☐ 통조림 닭가슴살 1캔(135g, 살만 준비)
  (닭가슴살을 삶아서 쓰면 더욱 맛있어요.)
- ☐ 크랜베리·마요네즈 2큰술씩
- ☐ 슬라이스 아몬드 1큰술

재료를 차례대로 올려요

❶ 재료 준비하기
양상추와 상추는 씻어놓고, 토마토는 0.5cm 두께로 썰어놓는다.

❷ 다진 피클 + 마요네즈
다진 피클과 마요네즈를 섞어놓는다.

❸ 샌드위치 속 만들기
재료를 분량대로 섞어서 샌드위치 속을 만든다.

❹ 샌드위치 만들기
식빵 위에 ②를 바르고 샌드위치 속 ⇨ 양상추 ⇨ 토마토 ⇨ 상추를 순서대로 올린뒤 ②를 안쪽에 바른 식빵을 덮는다.

식빵을 덮으면 완성!

접시로 눌러 만드는 샌드위치
포켓샌드위치

식빵 2장 사이에 다양한 재료를 넣어 기계로 눌러 만드는 포켓샌드위치….
요즘은 가정에서도 간단하게 만들 수 있는 도구가 나오지만 접시만 있어도
쉽게 만들 수 있어요. 내용물이 나오지 않아 먹기도 편하고 다양하게 활용할 수
있어요. 한 끼 식사로도, 아이들 간식으로도 너무 좋아요.

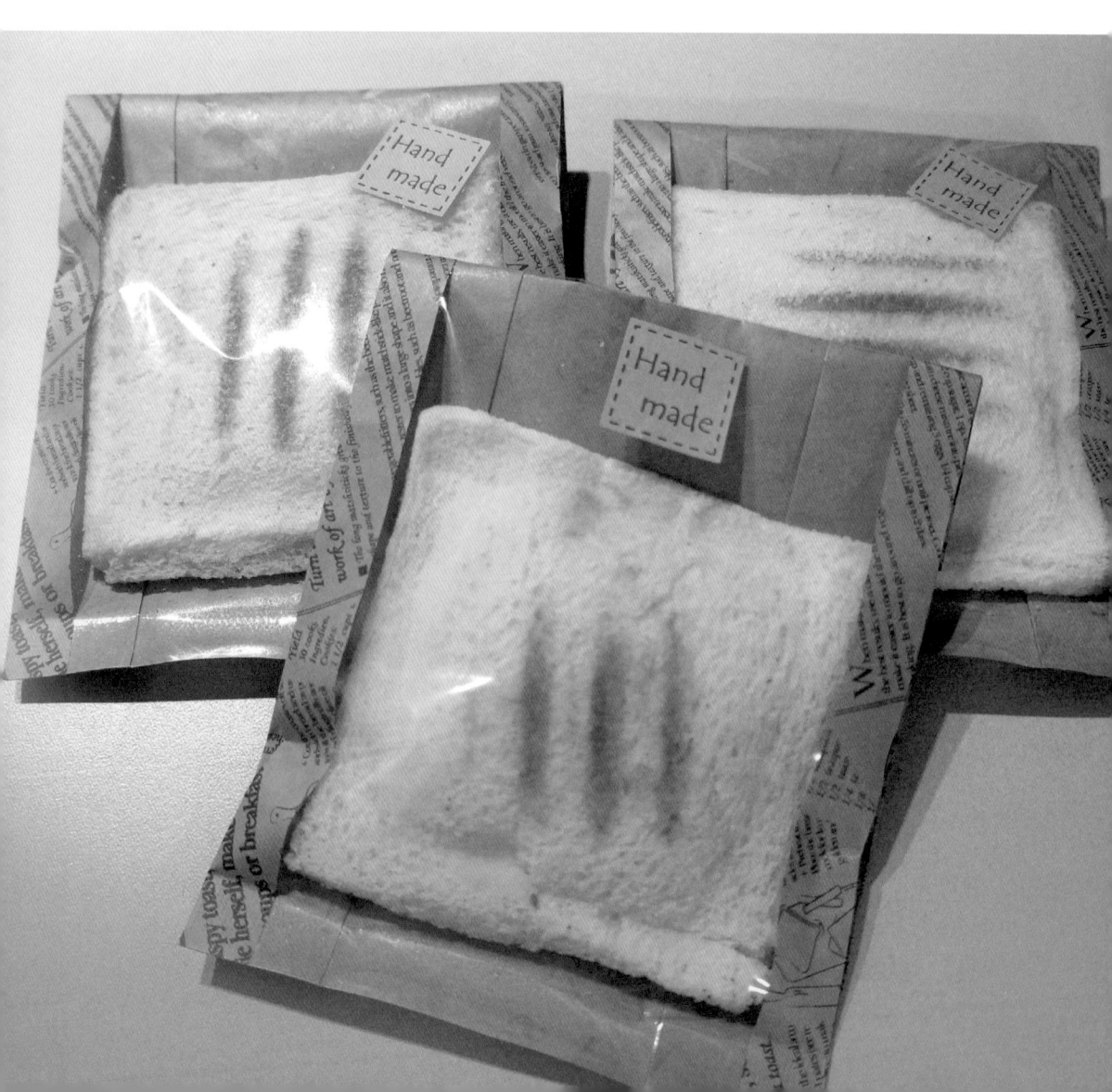

가벼운 한 끼로 좋은 샐러드 · 수프 · 샌드위치와 토스트 **211**

식빵 테두리는
크루통을 만들면 좋아요
(P.196)

재료(5개)
- □ 샌드위치용 식빵 10장
- □ 식용유 약간

샌드위치 속
- □ 마카로니 50g
- □ 양파 ½개
- □ 파프리카 · 피망 ¼개씩
- □ 시판 스파게티 소스 10큰술

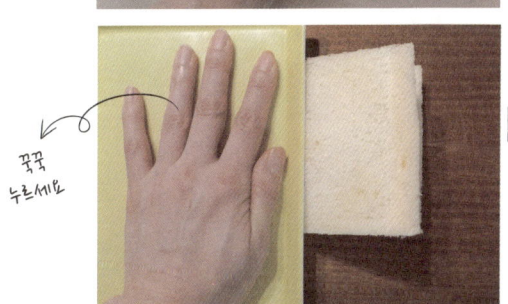

꾹꾹
누르세요

❶ **마카로니 삶기**
끓는 물에 마카로니를 넣고 8분 정도 삶는다.

❷ **식빵 테두리 자르기**
누르기 쉽게 식빵의 테두리를 자른다.

❸ **샌드위치 속 만들기**
양파와 파프리카, 피망을 잘게 썰어 기름을 살짝 두른 팬에 볶다가 스파게티 소스와 삶은 마카로니를 넣고 좀 더 볶는다.

❹ **포켓샌드위치 만들기**
식빵 2장 사이에 샌드위치 속을 넣은 다음 식빵 테두리에 물을 묻히고 접시로 테두리를 꾹꾹 눌러 붙인다.

❺ **굽기**
④의 포켓샌드위치를 팬에 살짝 굽는다.
⋯ 바로 먹을 경우 굽지 않고 먹어도 돼요. 그릴 선이 있는 팬을 이용하면 더 먹음직스러워요.

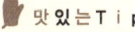 맛있는 T i p
▶ 시판 스파게티 소스 활용하기(p.42)

생각보다 간단하고 생각보다 맛있는
크로크무슈 & 크로크마담

웬만한 브런치 전문점과 빵집에는 다 있는, 오븐에 구운 샌드위치 크로크무슈. 생각보다 만들기 쉽고 뜨거울 때 먹으면 정말 맛있답니다. 크로크무슈 위에 달걀프라이를 하나 얹으면 살짝 모자를 쓴 숙녀의 모습을 닮았다고 해서 크로크마담이라고 부른대요.

재료(2개)
- ☐ 샌드위치용 식빵 4장
- ☐ 슬라이스 햄 4장
- ☐ 슬라이스 치즈 2장
- ☐ 모차렐라 치즈 1컵
- ☐ 시판 피자 소스 · 파슬리 약간씩(없어도 무방하지만 넣으면 더 맛있어요!)
- ☐ 달걀(크로크마담을 만들 경우 빵 하나에 하나씩 얹어요.)

베사멜 소스
- ☐ 버터 2큰술
- ☐ 밀가루 3큰술
- ☐ 우유 300ml

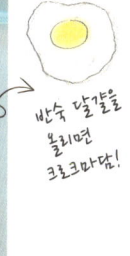

반숙 달걀을
올리면
크로크마담!

그대로 구우면 크로크무슈!

❶ 베샤멜 소스 만들기
달군 팬에 버터를 녹인 뒤 밀가루를 넣고 약한 불에서 3분 이상 충분히 볶는다. 여기에 우유를 넣고 걸쭉한 크림 상태가 되도록 저어가며 끓인다.
···▶ 버터와 밀가루는 타지 않게 충분히 볶고, 떠먹는 요구르트 정도의 농도까지만 끓여야 식었을 때 적당한 농도가 돼요.

❷ 크로크무슈 만들기
식빵에 베샤멜 소스를 바른 뒤 햄 2장 ⇨ (피자 소스) ⇨ 슬라이스 치즈 1장을 올리고, 다시 베샤멜 소스를 바른 식빵을 올린다. 여기에 모차렐라 치즈 ⇨ (파슬리)를 올린다.
···▶ 피자 소스와 파슬리는 생략해도 돼요.

❸ 오븐에 굽기
180℃로 예열한 오븐에 ②를 12~15분 구우면 크로크무슈가 완성된다.

❹ 크로크마담 만들기
구운 크로크무슈 위에 반숙한 달걀프라이를 올리면 크로크마담이 완성된다.

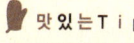
맛있는 Tip
▶ 굽기 전 상태로 넉넉히 만들어 냉동실에 보관했다가 자연 해동 후 오븐에 구워 먹어도 맛있어요.

파니니 그릴 없이 만드는 든든하고
영양 많은 파니니
쇠고기가지파니니

치아바타나 포카치아 등 두껍고 힘 있는 빵으로 만들면 맛있는, 뜨거운 샌드위치 파니니. 파니니 그릴 없이도 집에서 간단하게 만들 수 있어요! 쇠고기와 가지를 넣어 따뜻하게 만들어 먹으면 햄이나 치즈를 넣은 흔한 샌드위치는 눈에 차지 않게 된답니다.

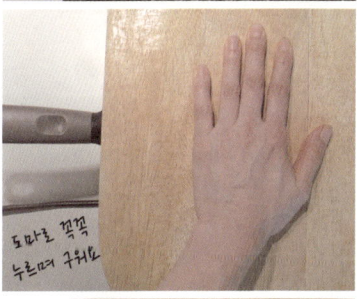

재료(2개)
☐ 치아바타 2개
☐ 쇠고기 스테이크용 100~150g
☐ 가지 ½개
☐ 양파 ½개
☐ 표고버섯 1개
☐ 스테이크 소스 3~4큰술
☐ 모차렐라 치즈 2줌
☐ 소금·후춧가루 약간씩
☐ 식용유 약간

치아바타
이탈리아 말로 '납작한 슬리퍼'라는 뜻의 치아바타는 겉은 딱딱하고 속은 쫄깃하며 수분이 적은 심심한 맛의 이탈리아식 바게트예요. 올리브유에 찍어 먹어도 맛있고, 파니니를 만들기에도 적당한 빵이랍니다. 빵집에서도 많이 팔고, 인터넷 쇼핑몰에서도 냉동 치아바타를 쉽게 구입할 수 있어요.

❶ 재료 썰기
쇠고기는 얇게 한입 크기로 썰고, 가지는 길쭉하게 썬다. 양파와 표고버섯은 채 썬다.

❷ 볶기
달군 팬에 기름을 두르고 양파를 볶다가 쇠고기와 표고버섯을 넣고 볶은 후 스테이크 소스와 소금, 후춧가루로 간한다.

❸ 가지 굽기
다른 팬을 달궈 소금을 조금 뿌린 뒤 가지를 올려 굽는다.

❹ 파니니 만들기
치아바타를 반으로 가른 뒤 팬 위에 올려 ②의 볶은 채소와 쇠고기 ⇨ ③의 구운 가지 ⇨ 모차렐라 치즈 순으로 올리고 치아바타를 덮는다. 무거운 도마 등으로 누르며 위아래 양면을 굽는다.

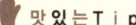 맛있는 Tip
▶ 그릴 선이 있는 팬을 이용하면 더욱 먹음직스럽게 만들 수 있어요.

치즈와 견과류, 꿀이 어우러진 고급스러운 파니니
허니카망베르치즈파니니

파니니로 유명한 샌드위치집에서 먹어본 뒤 집에서 비슷하게 만들어본 파니니예요. 카망베르 치즈와 모차렐라 치즈, 호두와 아몬드, 꿀이 너무 잘 어울려요. 치아바타는 빵집이나 인터넷 등에서 냉동으로 된 치아바타를 구입하면 쉽게 만들 수 있어요.

재료(1개)
- ☐ 치아바타 1개
- ☐ 모차렐라 치즈 1장(슬라이스로 된 게 만들기 편해요.)
- ☐ 카망베르 치즈 적당량(덩어리와 짜 먹는 타입 두 종류가 있어요.)
- ☐ 호두·슬라이스 아몬드 2~3큰술씩
- ☐ 꿀 2큰술

카망베르 치즈
표면에 흰색곰팡이가 있고 안은 크림 형태인 독특한 풍미의 치즈예요. 요즘은 우리나라 제품 중에 짜 먹는 타입으로 나오는 것도 있어서 편하게 쓸 수 있답니다.

가벼운 한 끼로 좋은 샐러드·수프·샌드위치와 토스트 **217**

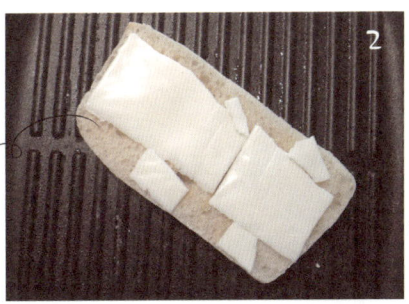

모차렐라 치즈는 슬라이스 타입!

카망베르 치즈는 짜먹는 타입을!

❶ 재료 준비하기
치아바타는 반으로 가르고, 호두는 잘게 썬다.
··→ 모차렐라 치즈는 슬라이스 타입, 카망베르는 짜 먹는 타입으로 준비하면 편하게 만들 수 있어요.

❷ 파니니 만들기
갈라놓은 치아바타에 모차렐라 치즈 ⇨ 다진 호두 ⇨ 카망베르 치즈 순으로 올리고 치아바타를 덮는다. 무거운 도마 등으로 누르며 위아래 양면을 굽는다.
··→ 나무 주걱 등으로 꾹꾹 눌러가며 구워도 돼요.

❸ 담기
구운 치아바타 위에 꿀을 뿌리고 슬라이스 아몬드를 듬뿍 뿌린다.

위아래 양면을 고르게 구워요

집에서 만드는 따뜻한 샌드위치
길거리표 토스트

보통 트럭에서 달걀에 각종 채소를 넣고 부쳐 투박하게 만들어서 파는 토스트인데 별다르게 부를 이름이 없어서 길거리표 토스트라고 했어요. 달걀, 햄, 양배추, 당근 등 너무나 흔한 재료로 만드는 토스트지만 맛도 좋고 영양도 부족함이 없어요. 따뜻하게 먹으면 어떤 샌드위치보다도 맛있답니다.

재료(2개)
- 식빵 4장
- 설탕 1~2큰술
- 식용유·토마토케첩 약간씩

달걀 채소 지단
- 달걀 3개
- 햄 2장
- 양파 ¼개
- 채 썬 양배추 1줌
- 당근·소금 약간씩

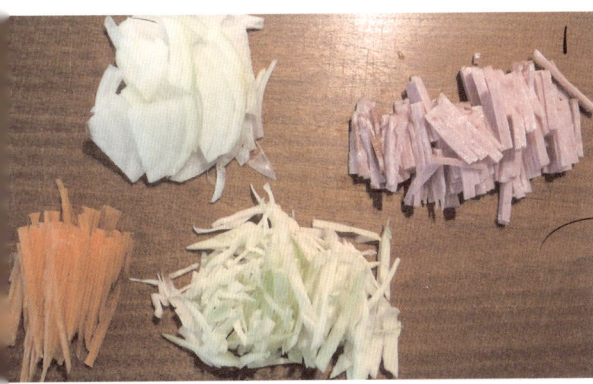

모든 재료는 가늘게 채 썰어요

❶ 재료 썰기
햄, 양파, 양배추, 당근을 가늘게 채 썬다.

❷ 달걀 채소 지단 만들기
지단 재료를 분량대로 섞어 잘 젓는다. 달군 팬에 기름을 두르고 달걀물을 부은 뒤 앞뒤로 고루 익힌다.

❸ 샌드위치 만들기
팬에 식빵을 앞뒤로 구운 뒤 빵 한 면 위에 달걀 채소 지단을 올린다. 그 위에 설탕을 고루 뿌리고, 토마토 케첩을 듬뿍 뿌린 후 식빵을 덮는다.

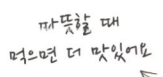
따뜻할 때 먹으면 더 맛있어요

간단하게 만들 수 있는 브런치!
달걀베이컨토스트

달걀, 베이컨, 식빵을 따로 굽지 않고 한 번에 구워서 간단하면서도 모양은 더 예쁜 토스트예요. 따로 따로 구워 접시에 담으면 기본 브런치 메뉴인데 식빵에 구멍을 내서 만들면 아이들이 좋아하고 왠지 더 맛있게 느껴진답니다.

가벼운 한 끼로 좋은 샐러드·수프·샌드위치와 토스트 **221**

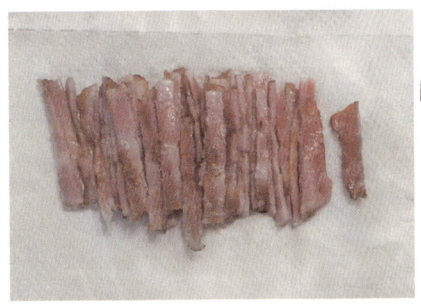

컵을 이용해 구멍을 내요

구멍 안에 달걀을 쏙!

재료(2개)
- 식빵 2장
- 베이컨 2줄
- 달걀 2개
- 파슬리 약간

❶ 식빵에 구멍 내기
둥근 컵을 이용해서 식빵에 동그랗게 구멍을 낸다.

❷ 베이컨 구워 자르기
달군 팬에 기름을 두르고 베이컨을 구워 작게 자른다.

❸ 구멍 난 식빵 + 달걀 + 베이컨
베이컨을 구운 팬에 식빵을 올려 한쪽 면을 굽고 뒤집은 후 구멍에 달걀을 깨 넣는다. 달걀노른자가 다 익기 전에 잘라 둔 베이컨을 올리고 파슬리를 뿌린다.

⋯➔ 베이컨에서 나온 기름이 식빵을 고소하게 해요.

두껍게 자른 식빵으로 만든 부드러운 토스트
프렌치토스트

통식빵을 두껍게 잘라 달걀물에 푹 담갔다가 약한 불에 구우면 이게 정말 식빵 맞나 싶게 부드럽고 촉촉한 프렌치토스트가 된답니다. 집에서 이렇게 만들어 먹으면 밖에서 파는 허접한 프렌치토스트는 먹기 싫어질 정도라니까요!

재료(1인분)
- ☐ 통식빵 ¼통
- ☐ 버터 또는 식용유 약간씩

달걀물
- ☐ 달걀 2개
- ☐ 우유 50ml
- ☐ 설탕 1½큰술
- ☐ 소금 약간
- ☐ 맛술 3~4방울

달걀물이 충분히 스며들게 두세요

밀폐 용기를 이용해 뒤집으면 편해요

❶ 식빵 자르기
통식빵을 일반 슬라이스 식빵의 2.5~3배 정도 두께로 썰고 사선으로 한 번 더 썬다.

❷ 달걀물 만들기
재료를 분량대로 섞어 잘 저어서 달걀물을 만든다.

❸ 달걀물 + 식빵
달걀물에 식빵을 푹 담가 15분 정도 두어 달걀물이 스며들게 한 뒤 뒤집어서 15분 정도 스며들게 둔다. 밀폐 용기를 이용할 경우 뚜껑을 덮어 그릇째 뒤집으면 편하다.
⋯ 식빵이 빠듯하게 들어갈 정도의 밀폐 용기를 사용하면 편해요.

❹ 굽기
달군 팬에 버터나 기름을 두르고 달걀물이 충분히 스며든 식빵을 올려 약한 불에서 돌려가며 타지 않게 굽는다. 식빵이 두꺼우므로 빵을 세워 옆면도 굽는다.

❺ 담기
구운 프렌치토스트와 함께 샐러드나 잼, 커피, 주스 등을 곁들여 낸다.
⋯ 프렌치토스트 위에 슈거 파우더, 아몬드, 크랜베리, 리코타 치즈 등의 토핑을 얹어도 맛있어요.

약한 불에서 옆면까지 돌려가며 구우세요

집에서 따끈따끈하게 구워 먹는
마늘토스트

통식빵과 마늘 스프레드로 집에서 따끈따끈하고 맛있는 마늘토스트를 만들 수 있어요. 뭐니 뭐니 해도 빵은 따끈하게 막 구운 빵이 제일 맛있는데 식어서 맛없어진 마늘토스트 사 먹지 말고 집에서 따끈따끈 맛있는 마늘토스트를 구워 드세요.

재료(2개)
- 통식빵 ½통
- 설탕 적당량(입구가 넓은 그릇이나 접시에 넓게 뿌려놓아요.)

마늘 스프레드
- 버터 2큰술(30분~1시간 전에 실온에 꺼내두어 부드러운 상태로 만드세요.)
- 다진 마늘 ½큰술
- 파슬리 약간

빵 두께의
⅔만 칼집을 내요

180℃ 오븐에서
15분 동안 구워요

❶ 식빵 썰기
슬라이스 식빵 2~3개를 합친 두께로 식빵을 도톰하게 썰어 팬에 구운 후 먹기 좋게 세로로 두 번, 가로로 두 번씩 빵 두께의 ⅔ 정도까지 칼집을 낸다.

❷ 마늘 스프레드 만들기
재료를 분량대로 섞어서 마늘 스프레드를 만든다.

❸ 식빵에 스프레드 바르기
칼집 낸 식빵의 한쪽 면에 마늘 스프레드를 바른다.

❹ 설탕 묻히기
스프레드 바른 면을 펼쳐놓은 설탕 위에 눌러 설탕이 골고루 묻게 한다.

❺ 굽기
오븐 팬에 마늘 스프레드와 설탕 묻힌 면을 위로 오게 놓고 180℃로 예열한 오븐에 15분 정도 굽는다.

맛있는 Tip
▶ 오븐에 굽기 전 상태로 지퍼 백에 넣어 냉동실에 보관했다가 필요할 때 실온에서 해동해 바로 구워 먹어도 맛있어요.

간단하게 만드는 달콤한 토스트
하이토스트

식빵을 대각선으로 잘라 큼직하게 만들어서 파는 하이토스트. 판매하는 것처럼 큼직하게 만들면 더 먹음직스럽지만 슬라이스 식빵으로 만들어도 간편하고 맛있답니다. 오븐이 없어도 팬에 구워서 만들 수 있고, 돌려가며 구울 필요가 없어서 만들기도 쉬워요. 가벼운 아침 식사나 아이들 간식으로 좋아요.

재료(3인분)
- ☐ 식빵 6장
- ☐ 버터 3큰술(실온에서 30분~1시간 꺼내놓아요.)
- ☐ 설탕 4큰술(입구가 넓은 그릇이나 접시에 넓게 뿌려놓아요.)

❶ 재료 준비하기
식빵과 실온에서 부드럽게 만든 버터, 설탕을 준비한다.

❷ 버터 바르기
식빵의 한쪽 면에 버터를 바른다.

❸ 설탕 묻히기
버터 바른 면을 펼쳐놓은 설탕에 눌러 골고루 묻힌다.

❹ 굽기
180℃로 예열한 오븐에 10~12분 굽는다.

버터를 골고루 바르세요

180℃ 오븐에서 10~12분 구워요!

맛있는 Tip
▶ 통식빵으로 만들 경우 도톰한 삼각형 모양의 대각선으로 썰어 모든 면에 설탕과 버터를 바른 다음 돌려가며 구우세요.

카페보다 더 맛있게 만드는
허니브레드

허니브레드는 맛있는 통식빵만 있으면 집에서 더 맛있게, 더 고급스럽게 만들 수 있어요. 오븐에서 막 꺼내서 뜨끈뜨끈한 허니브레드는 웬만한 카페 허니브레드는 명함도 못 내밀 정도로 맛있답니다. 뜨끈뜨끈한 허니브레드와 커피 한잔 어떤가요?

가벼운 한 끼로 좋은 샐러드·수프·샌드위치와 토스트 **229**

재료(1개)
- 통식빵 ½통(슬라이스 식빵 5~6장 두께로 준비하세요.)
- 버터 1큰술(30~1시간 전에 미리 냉장고에서 꺼내두세요.)
- 꿀·슈거 파우더 약간씩

꿀을 너무 많이 넣으면 빵이 질척해질 수 있으니 적당히!

❶ **식빵 썰기**
통식빵을 두껍게 잘라 세로로 한 번, 가로로 두 번 칼집을 넣는다.

❷ **칼집에 꿀 넣기**
칼집 사이사이에 꿀을 넣는다.
⋯ 꿀의 양은 취향껏 조절하세요.

❸ **버터 바르기**
식빵의 윗면에 버터를 바른다.

❹ **굽기**
오븐 팬에 버터를 바른 면이 위로 오게 올린 후, 180℃로 예열한 오븐에 15~20분간 굽는다.

180℃ 오븐에서 15~20분 구워요

🧤 **맛있는 Tip**
▶ 통식빵으로 만드는 또 다른 요리…프렌치토스트(p.222), 마늘브레드(p.224)

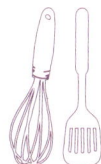

CHAPTER 05

산뜻한 한 끼로 좋은 면 요리

김치를 넣어 얼큰하게 끓이는!
김치칼국수

생일날 아침에 미역국 대신 끓여달라고 할 정도로 얼큰한 국물을 즐기는 큰딸이 좋아하는 칼국수예요. 멸치 육수에 김치를 넣고 칼칼하게 끓이는, 정말 만들기 쉬운 칼국수지만 맛만큼은 어떤 국수에도 뒤지지 않는답니다.

재료(1인분)
- 칼국수 면 150g
- 멸치 육수 600ml ▶ 멸치 육수 만들기(p.34)
- 김치 1줌
- 양파 ⅛개
- 청양고추 ½개
- 대파 ½대
- 매운 양념 ½~1큰술
  ▶ 매운 양념 만들기(p.39)
  (매운 양념이 없으면 국간장 ¼큰술과 고춧가루 ¼큰술로 양념해도 됩니다.)

산뜻한 한 끼로 좋은 면 요리 **233**

김치가 익은 뒤에
면을 퐁당!

매운 양념으로
얼큰하게 간해요

❶ **재료 준비하기**
김치는 잘게 썰고, 양파는 채 썬다. 청양고추는 어슷하게, 파는
송송 썰어놓는다.

❷ **멸치 육수 + 김치, 양파**
멸치 육수에 김치와 양파를 넣고 끓인다.

❸ **② + 칼국수, 청양고추**
김치가 어느 정도 익으면 칼국수 면과 청양고추를 넣고 끓인다.

❹ **양념하기**
매운 양념이나 국간장 + 고춧가루로 간을 한다.
…▶ 매운 양념을 넣으면 좀 더 깊은 맛이 납니다.

❺ **파 넣기**
칼국수가 다 익으면 파를 넣는다.

 맛있는Tip
▶ 콩나물을 넣으면 더욱 시원한 매운맛을 낼 수 있습니다.

시원하고 개운한 맛이 일품인 깔끔한 국수
된장국수

멸치 육수에 된장을 풀어서 구수하고 깔끔하게 끓이는 국수예요. 끓이기도 쉽지만 청양고추를 넣으면 칼칼한 된장 국물 맛이 정말 맛있답니다. 면 요리인데도 속풀이에도 좋고, 몸에 좋은 된장도 먹을 수 있어서 좋은 국수. 국물에 밥을 말아 먹어도 맛있어요.

재료 (1인분)

- ☐ 칼국수 면 150g
- ☐ 멸치 육수 600ml ▶ 멸치 육수 만들기(p.34)
- ☐ 호박 ¼개
- ☐ 청양고추 ½개
- ☐ 대파 ½대
- ☐ 된장 1~2큰술

❶ 재료 준비하기
호박은 채 썰고, 청양고추는 어슷하게 썰며, 파는 송송 썬다.

❷ 멸치 육수 + 칼국수 면, 청양고추, 호박
멸치 육수를 끓이다가 칼국수 면, 호박, 청양고추를 넣어 끓인다.

❸ ② + 된장, 파
면이 익으면 된장으로 간을 하고 파를 넣는다.

육수가 팔팔 끓을 때 면과 채소를!

된장으로 간을 해요

맛있는 Tip
▶ 한 끼 식사로도 충분하고 고기 먹은 후 된장찌개나 소면 대신 끓여 먹기도 좋아요.

고추장과 된장으로 맛을 낸 맛있는 별미 국수
장칼국수

강원도 여행을 가면 꼭 먹고 오는 국수를 집에서 끓여 먹게 된 국수예요. 깊은 국물 맛이 일품인 장칼국수는 국수도 맛있지만 국물에 말아 먹는 밥이 정말 예술이랍니다. 국물까지 남김없이 먹게 되는 매력적인 장칼국수, 집에서 끓여 보세요.

재료(1인분)
- ☐ 멸치 육수 700~800ml
- ▶ 멸치 육수 끓이기(p.34)
- ☐ 칼국수 면 150g
- ☐ 고기 고명 50g ▶ 고기 고명 만들기(p.33)
- ☐ 표고버섯 1개
- ☐ 주키니 호박 조금(일반 호박도 좋아요.)
- ☐ 대파 ¼대
- ☐ 달걀 ½개 분량
- ☐ 김 ½장

양념
- ☐ 다진 마늘 ¼큰술
- ☐ 고추장 1~1½큰술
- ☐ 된장 ¼~½큰술

산뜻한 한 끼로 좋은 면 요리 **237**

❶ 재료 준비하기
김은 가스불에 구워 비닐에 넣어 부숴놓고, 주키니 호박과
표고버섯은 얇게 썬다. 파는 송송 썰고, 달걀은 풀어놓는다.
고기 고명도 준비한다.

❷ 멸치 육수 + 주키니 호박, 표고버섯 + 칼국수
멸치 육수가 끓으면 주키니 호박과 표고버섯을 넣고,
다시 끓으면 칼국수를 넣는다.
⋯ 나중에 달걀을 풀면 걸쭉해지기 때문에 멸치 육수는 넉넉하게!

❸ ② + 양념
②가 끓으면 양념 재료를 모두 넣는다.
⋯ 고추장과 된장은 4:1~3:1의 비율로 취향에 따라 조절해서 넣으세요.

❹ ③ + 파 + 달걀
칼국수가 익으면 파를 넣고, 풀어둔 달걀을 넣은 뒤 덩어리지지
않게 잘 젓는다.

❺ ④ + 고기 고명, 김
④ 위에 고기 고명과 부순 김을 올린다.

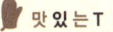
맛있는 Tip
▶ 주키니 호박은 '돼지호박'이라고도 불리는 애호박보다
크고 통통한 호박이에요. 채 썰어 넣어도 쉽게 물러지
지 않아서 국수나 찌개에 넣으면 좋아요.

샐러드처럼 상큼하게 먹는 산뜻한 국수
게맛살샐러드국수

입맛 없을 때, 산뜻한 음식이 먹고 싶을 때 생각나는 국수예요. 소면에 게맛살과 각종 채소를 넣고 굴 소스를 넣은 소스에 버무려 만드는 간단한 국수지만 손님상에서도 빛을 발할 수 있는 비주얼 최강의 국수! 모양만 예쁜 국수가 아니라 맛도 상상하는 그 이상이랍니다.

재료(2~3인분)
- 소면 150g
- 게맛살(크래미) 6줄
- 오이 1개
- 채 썬 양상추 1줌
- 어린잎 채소 1줌
- 참기름 1큰술
- 깨소금 1큰술

소스
- 굴 소스·참기름·포도씨유 2큰술씩
- 맛술·간장 2큰술씩
- 설탕·다진 마늘 1큰술씩

소면+참기름
+깨소금으로
양념해요.

❶ 소스 만들기
재료를 분량대로 섞어 소스를 만든다.

❷ 게맛살과 채소 준비하기
게맛살은 손으로 뜯어놓고, 오이는 5cm 길이로 썬 뒤에 돌려 깎아 채 썬다. 양상추는 가늘게 채 썰고, 어린잎 채소는 씻어서 물기를 제거한다. 커다란 접시 둘레에 오이와 게맛살, 양상추, 어린잎 채소를 색깔을 맞춰 교대로 돌려 담는다.

❸ 소면 삶아 양념하기
소면은 삶아서 참기름과 깨소금을 넣고 조물조물 양념한다.

❹ 담기
②의 접시 가운데에 소면을 담고 소스는 따로 담아 낸다.
먹기 직전에 소스에 버무려 내도 좋다.

시판 냉면 육수로 만드는 별미 국수
두부김치말이국수

요즘은 집에서 간단하게 끓여 먹을 수 있도록 냉면과 함께 육수도 판매해요. 소면에 이런 시판 냉면 육수와 두부, 김치를 넣고 간단하게 두부김치말이 국수를 만들어보세요. 냉면 육수에 양념이 되어 있어서 별도의 양념도 필요없답니다.

재료(1인분)
- 소면 100g
- 시판 냉면 육수 1팩(330g)
- 김치 1줌
- 두부 100~150g
- 삶은 달걀 1개

찬물에 헹구세요

❶ 소면 삶기
끓는 물에 소면을 넣고 2분 30초 정도 삶은 뒤 찬물에 헹군다.

❷ 김치 + 두부
김치는 가위로 잘게 잘라 두부를 부서뜨리면서 함께 섞는다.

❸ 담기
그릇에 삶은 소면을 담고 ②를 올린 후 냉면 삶은 달걀을 얹고 냉면 육수를 붓는다.

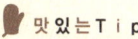

맛있는 Tip
- 두부의 양은 더 늘려도 괜찮아요. 김치와 냉면 육수에 간이 있어 별도의 간은 하지 않아도 됩니다.
- 두부김치말이국수와 잘 어울리는 요리…
  떡갈비(p.134)

시판 국수 장국을 이용해서 폼나게 만드는
냉모밀

메밀국수를 삶아서 채소 몇 가지와 게맛살을 얹어 시판 국수 장국이나 쯔유를 희석한 국물을 부으면 시원하고 맛있는 국수 한 그릇이 완성된답니다. 육수도 직접 만들면 좋겠지만 이도저도 다 귀찮은 날, 인스턴트 표시 나지 않는 폼 나는 국수 한 그릇도 괜찮지 않나요?

산뜻한 한 끼로 좋은 면 요리 **243**

재료 (2인분)
- 메밀국수 200g
- 시판 국수 장국 또는 쯔유 2인분 분량
  (적당량의 물을 섞어 냉동실에 미리 넣어 두면 좋아요.)
- 얼음 적당량
- 게맛살(크래미) 3줄
- 대파 ½대
- 무 간 것 2큰술
- 무순 약간
- 김 1장

국수 장국 또는 쯔유
1인분씩 비닐 팩에 포장된 것도 있고, 물을 섞어서 쓰는 병 제품도 있어요. 한 병 사두면 메밀국수나 냉모밀을 간편하게 만들 수 있답니다.

← 시판하는 장국이에요

1

2

3
찬물에 헹구면 면이 탱탱해져요

❶ 재료 준비하기
게맛살은 손으로 뜯어놓고, 파는 송송 썬다. 무는 갈아서 준비하고, 김은 구워서 가위로 가늘게 잘라둔다.

❷ 메밀국수 삶기
포장의 설명서에 적힌 시간을 확인해 메밀국수를 삶은 뒤 찬물에 충분히 헹군다.

❸ 담기
면기에 국수를 담고 시원하게 보관해둔 장국과 얼음을 부은 후 게맛살, 파, 갈아놓은 무, 무순을 돌려 담고 김을 올린다.

맛있는 Tip
- 무 간 것이 남았다면…메밀소바(p.257)
- 집에서 직접 만드는 국수 장국, 쯔유 만들기와 활용하기…(p.35)

잔치국수
출출할 때 가볍게 한 그릇!

출출할 때 가볍게 한 그릇 먹고 싶은 게 잔치국수죠. 항상 뭔가 부족한 듯한 맛에 아쉬웠는데 냉동 유부와 김을 넣어 끓이니까 국물도 시원하고 부족했던 단백질도 보충되어 좋은데다 양념 간장을 만들 필요가 없어서 간단하더군요. 밥 늦게 남편이나 아이들이 출출하다고 할 때 냉장고에 넣어둔 멸치 육수로 10분 만에 끓일 수 있는 간단하면서도 맛있는 국수예요.

재료(1인분)
- 소면 100g
- 멸치 육수 600ml ▶ 멸치 육수 만들기(p.34)
- 냉동 유부 3장(조미하지 않은 냉동 유부를 사용하세요.)
- 호박·당근·대파 약간씩
- 김 ½장
- 국간장 2큰술
- 소금 약간

산뜻한 한 끼로 좋은 면 요리 **245**

❶ 재료 준비하기
당근은 가늘게 채 썰고, 호박은 길쭉하게 썰며, 파는 송송 썬다. 냉동 유부는 4등분하고, 김은 가스불에 구운 뒤 비닐에 넣어 부숴놓는다.

❷ 멸치 육수 + 당근, 호박
멸치 육수 600㎖에 당근과 호박을 넣고 끓인다.

❸ 소면 삶기
끓는 물 1L에 소면을 넣고 2분 정도 삶아서 찬물에 헹군다.
… 소면을 멸치 육수에 넣어 더 끓일 거라 퍼지지 않게 잠깐 삶아야 해요.

❹ ② + 유부 + 국간장
②의 당근과 호박이 익으면 유부를 넣고 국간장으로 간을 맞춘다.
… 국간장은 2큰술 이상 넣지 말고 나머지 간은 소금으로 맞추세요.

❺ ④ + 소면, 파 + 김
삶아놓은 소면과 파를 넣고 살짝 더 끓여 국수를 따뜻하게 한 다음 김 가루를 올려 완성한다.

국간장은 2큰술만! 너무 많이 넣으면 국물색이 미워요

소면, 파를 넣고 살짝 더 끓여요

맛있는 Tip
▶ 냉동 유부는 썰어놓고, 김 가루도 넉넉하게 만들어 냉동실에 넣어두면 필요할 때 간단하게 잔치국수를 만들 수 있어요.

닭가슴살과 채소를 듬뿍 넣은
볶음우동

요즘 쯔유와 굴 소스는 마트에서도 쉽게 살 수 있지요. 각종 채소와 닭가슴살 통조림으로 집에서 정말 맛있는 볶음우동을 만들 수 있답니다. 영양도 듬뿍, 맛도 듬뿍, 게다가 모양까지 예쁜 볶음우동 한번 만들어보세요.

재료(2인분)
- ☐ 우동 면 2봉지(210g X 2)
- ☐ 채 썬 양배추 1줌
- ☐ 양파 ¼개
- ☐ 부추 양파와 동량
- ☐ 마늘 4톨
- ☐ 청양고추 ½개(매운맛이 싫으면 생략!)
- ☐ 통조림 닭가슴살 1캔(135g)
  (닭가슴살을 삶아서 넣으면 더욱 맛있어요.)
- ☐ 쯔유 6큰술 ▶쯔유 만들기(p.35)
- ☐ 굴소스 2큰술
- ☐ 후춧가루 약간
- ☐ 가쓰오부시 1줌

찬물에 헹구면
면발이 더욱
탱탱해져요

❶ 재료 준비하기
양배추와 양파는 채 썰고, 부추는 양파 길이로 썬다. 마늘은 편으로 썰고, 청양고추는 어슷하게 썬다.

❷ 우동 삶기
우동 면은 끓는 물에 삶아서 찬물에 헹군다.

❸ 볶기
달군 팬에 기름을 두르고 양파, 마늘, 청양고추를 볶다가 닭가슴살과 양배추를 넣고 볶는다.

❹ ③ + 우동 + 쯔유, 굴 소스, 후춧가루
③에 찬물에 헹궈둔 우동 면과 쯔유, 굴 소스, 후춧가루를 넣어 볶는다.

❺ ④ + 부추
④에 부추를 넣어 섞은 뒤 불을 끈다.

❻ 담기
⑤의 볶음우동을 그릇에 담고 가쓰오부시를 올린다.

쯔유는 제품마다 농도가
다를 수 있으니
조절해서 넣으세요

모시조개를 듬뿍 넣어 만드는 초간단 파스타
봉골레알리오올리오

깔끔하고 담백한 맛이 매력인 알리오올리오는 마늘과 오일이라는 뜻이래요. 왠지 허전할 수 있는 알리오올리오에 모시조개를 듬뿍 넣으면 조개의 시원한 맛이 풍미를 더해준답니다. 15분이면 파스타 전문점 부럽지 않은 맛있는 봉골레알리오올리오를 만들 수 있어요.

재료(1인분)
- 스파게티 면 100g
- 모시조개 1봉지(200g) (해감해 소금물에 담가놓은 것을 사면 편해요.)
- 마늘 3톨
- 말린 홍고추나 청양고추 1개(페페론치노 4개를 넣어도 좋아요.)
- 올리브유 3큰술
- 화이트 와인 또는 청주 4큰술
- 스파게티 삶은 물 1컵
- 소금·후춧가루 약간씩

모시조개는 반드시 해감을!

❶ 재료 준비하기
모시조개는 해감하고, 마늘은 편으로 썰며, 고추는 어슷하게 썬다.

❷ 스파게티 면 삶기
냄비에 물을 넉넉하게(1L) 붓고 소금을 약간(1작은술) 넣어 끓이다가 스파게티 면을 넣고 삶는다. 스파게티는 건지고 삶은 물은 1컵을 따로 준비해둔다.
… 스파게티 면 포장에 있는 시간을 확인하고 그 시간보다 1~2분 정도 덜 삶아요.

❸ 마늘, 고추, 모시조개 볶기
달군 팬에 올리브유를 두르고 마늘과 고추를 볶다가 매운 향이 나면 모시조개를 넣어 볶는다.

❹ ③ + 화이트 와인 또는 청주 + 스파게티 삶은 물
조개가 입을 벌리면 화이트 와인이나 청주를 넣고 끓이다가 스파게티 면 삶은 뜨거운 물을 넣고 국물이 자작해지도록 끓인다.

❺ ④ + 스파게티 면 + 소금, 후춧가루
④에 스파게티 면을 넣고 국물이 배어들도록 1~2분 끓인다. 마지막으로 소금, 후춧가루로 간을 맞춘다.
… 스파게티 시즈닝을 넣으면 더욱 맛있어요.

조개 국물이 짭짤하니 간은 살짝만!

맛있는 Tip
▶ 모시조개 해감하는 방법…조개가 잠길 만큼의 물에 소금을 짭짤할 정도로 풀고 물에 헹군 조개를 넣어 검정 비닐로 덮은 뒤 냉장고에 1~2시간 넣어두세요. 이때, 비닐에 숨구멍을 몇 개 내는 것 잊지 마세요!
▶ 또 다른 오일 파스타…가지토마토파스타(p.252)

얼큰한 국물이 맛있는 한국적인 해물 파스타!
파셰

일반 파스타와 달리 짬뽕처럼 국물이 매콤한 해물 파스타예요. 찌개를 먹은 듯 개운해서 파스타를 좋아하지 않는 사람도 맛있게 먹는답니다. 얼큰한 국물을 좋아하는 우리 집 식구들이 제일 좋아하는 파스타예요. 시판 스파게티 소스를 이용해서 간단하게 만들 수 있어서 더욱 맘에 들지요.

재료(2인분)
- 스파게티 면 150g
- 모시조개 또는 바지락 1봉지(200g)
  (소금물에 담긴 해감된 것을 구입하면 편해요.)
- 냉동 칵테일 새우 10마리
- 새송이버섯 1개 · 양파 ½개
- 마늘 3톨 · 고추기름 1큰술
- 올리브유 1큰술

소스
- 시판 토마토 스파게티 소스 200ml
  (매콤한 맛으로 만들면 더욱 맛있답니다.)
- 고추장 · 고춧가루 · 두반장 ½큰술씩
- 스파게티 면 삶은 물 500~600ml

산뜻한 한 끼로 좋은 면 요리 **251**

면에 따라 삶는 시간을 조절하세요

❶ **재료 준비하기**
해동한 새우와 해감한 조개는 깨끗이 씻어둔다. 새송이버섯은 반으로 길게 잘라 반달 모양으로 썰고, 양파는 채 썰며, 마늘은 편으로 썬다.

❷ **스파게티 면 삶기**
냄비에 물을 넉넉하게 붓고 소금을 약간 넣어 끓이다가 스파게티 면을 넣고 약간 덜 삶아진 정도로 8분간 삶는다. 스파게티는 건지고 삶은 물은 500~600㎖를 따로 담아둔다.
… 요리 과정에 스파게티 면 삶은 뜨거운 물이 필요하므로 물은 넉넉하게 잡으세요.

❸ **마늘, 양파 볶기**
뚝배기에 고추기름과 올리브유를 두르고 마늘과 양파를 넣어 볶는다.

❹ ③ + **토마토 스파게티 소스 + 고추장, 고춧가루, 두반장**
③에 토마토 스파게티 소스와 고추장, 고춧가루, 두반장을 넣는다.

❺ ④ + **스파게티 삶은 물**
④에 스파게티 삶은 뜨거운 물을 넣고 끓인다.

❻ ⑤ + **새우, 모시조개, 새송이버섯**
⑤에 새우, 모시조개, 새송이버섯을 넣고 끓인다.

❼ ⑥ + **스파게티 면**
⑥에 스파게티 면을 넣고 좀 더 끓인다.

맛있는 Tip
▶ 뚝배기에 끓이면 먹는 동안 국물이 따뜻하게 유지되어 더욱 맛있습니다.
▶ 면을 삶으면서 동시에 소스를 만들면 간단하게 만들 수 있어요.
▶ 면을 다 먹고 남은 국물에 밥을 비벼 먹어도 너무 맛있답니다.
▶ 같이 먹으면 어울리는 피자…고르곤졸라피자(p.278), 시금치 피자(p.280)
▶ 시판 스파게티 소스 활용하기(p.42)

가지와 토마토로 만드는 영양 만점 파스타
가지토마토파스타

요즘은 사시사철 가지와 토마토를 살 수 있지만 특히 여름 제철일 때는 가격도 싸고 맛도 훌륭하지요. 가지, 토마토, 마늘, 올리브유만으로 만들었는데도 상상 이상으로 맛있고 칼로리마저 착한 가지토마토파스타! 쫀득한 가지와 상큼한 토마토가 웬만한 오일 파스타보다 훨씬 맛있답니다.

재료 (1인분)
- 스파게티 면 100g
- 가지 1개 + 소금 ½작은술
- 토마토 1개(방울토마토 7~10개를 반 잘라 넣어도 좋아요.)
- 올리브유 3큰술
- 다진 마늘 1½큰술
- 소금·후춧가루 약간씩

❶ 재료 준비하기
가지는 1cm 두께로 동그랗게 썰어 2~4등분하고, 토마토도 비슷한 크기로 썬다. 가지에 소금을 고루 뿌려 30~40분 정도 절인 뒤 물기를 꼭 짠다.
…▸ 가지를 소금에 절였다가 물기를 짜면 식감이 고기처럼 쫀득쫀득해져요.

❷ 스파게티 면 삶기
냄비에 물을 넉넉하게(1L) 붓고 소금을 약간(1작은술) 넣어 끓이다가 스파게티 면을 넣고 삶는다.
…▸ 스파게티 면 포장에 있는 시간을 확인하고 그 시간보다 1~2분 정도 덜 삶아요.

❸ 올리브유 + 다진 마늘
올리브유에 다진 마늘을 넣고 볶는다.

❹ ③ + 가지, 토마토
③에 절인 가지와 토마토를 넣고 볶는다.

❺ ④ + 스파게티 면 + 소금, 후춧가루
④에 삶은 스파게티 면을 넣고 소금, 후춧가루로 간을 한 뒤 살짝 더 볶는다.

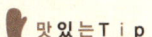 **맛있는 Tip**
▶ 가지와 토마토는 다이어트와 항암 효과가 있는 훌륭한 채소예요. 특히 토마토는 기름에 볶아서 먹으면 지용성 비타민의 흡수율이 높아진답니다.
▶ 같이 먹으면 어울리는 피자…고르곤졸라피자(p.278), 시금치피자(p.280)

스파게티 전문점보다 더 맛있게!
카르보나라스파게티

크림소스의 단점인 느끼함을 청양고추가 잡아주고, 베이컨도 바삭하게 구워 넣은 카르보나라스파게티. 스파게티 전문점보다 맛있어요. 크림소스를 별로 좋아하지 않는 우리 집 식구들도 이렇게 만들면 마지막까지 맛있게 먹는답니다.

재료(1인분)
- 스파게티 면 100g
- 베이컨 5줄(60g)
- 양파 ½개
- 청양고추 1개
- 마늘 4톨
- 올리브유 2큰술
- 생크림 200ml
- 슬라이스 올리브 1큰술
- 소금·후춧가루·파슬리 약간씩

❶ 재료 준비하기
양파는 잘게, 청양고추는 어슷하게, 마늘은 편으로 썬다.

❷ 베이컨 굽기
달군 팬에 베이컨을 올려 타지 않게 바싹 굽는다.
키친타월에 올려 기름기를 뺀 뒤 잘게 썬다.

❸ 스파게티 면 삶기
포장지의 삶는 시간(보통 8~12분)을 참고해 스파게티 면을 알맞게 삶아 건진다.

❹ 마늘, 양파, 청양고추 볶기
면을 삶는 동안 팬을 달궈 올리브유를 두르고 마늘, 양파, 청양고추를 넣어 충분히 볶는다.

❺ ④ + 생크림
양파가 노릇노릇하게 볶아지면 생크림을 넣고 바글바글 끓여 살짝 조린다.

❻ ⑤ + 베이컨, 올리브 + 소금, 후춧가루
⑤에 구운 베이컨과 올리브를 넣고 소금과 후춧가루로 간한다.

❼ 담기
그릇에 삶은 스파게티 면을 담고 완성한 ⑥의 소스를 끼얹은 뒤 피슬리를 뿌린다.

생크림을 넣고 살짝 조려요

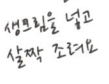

쯔유로 간단하게 만드는 국수 요리 1
냄비우동

쯔유를 이용해서 간단하게 만들 수 있는 대표적인 국수가 우동이에요. 요즘은 면에 소스까지 들어 있는 우동도 많지만 우동 면과 쯔유로 저렴하게 맛있는 우동을 끓일 수 있어요.

재료(1인분)
- 쯔유 2큰술 + 물 2컵(쯔유 : 물 = 1 : 7)
  ▶ 쯔유 만들기(p.35)
- 우동 면 1봉지(210g)
- 각종 버섯 약간씩
- 홍고추 ½개
- 대파 ½대
- 쑥갓 약간
- 가쓰오부시 ½줌

맛있는 Tip
▶ 쯔유와 물의 비율은 쯔유의 농도에 따라 조절하세요.
▶ 쯔유 대신 국수장국으로 만들어도 됩니다.

만들기
물과 쯔유를 섞어 끓이다가 각종 버섯, 홍고추, 우동 면을 넣고 2분 정도 끓인 후, 송송 썬 파와 쑥갓, 가쓰오부시를 넣어 마무리한다.
⋯→ 취향에 따라 어묵, 곤약, 유부, 조개 등을 넣고 끓여도 좋아요.

쯔유로 간단하게 만드는 국수 요리 2
메밀소바

더운 여름에 가볍게 끓여 먹기 좋은 국수가 메밀소바예요. 메밀소바도 면에 소스까지 든 제품이 많지만 메밀 면과 쯔유로 저렴하게 만들 수 있답니다.

재료(1인분)
- 쯔유 50ml + 물 200ml(쯔유 : 물 = 1 : 4)
  - ▶ 쯔유 만들기(p.35)
- 메밀국수 건면 150g
- 무 간 것 적당량
- 다진 파 1큰술
- 김·무순 약간씩
- 고추냉이(와사비) 약간

만들기
메밀국수를 끓는 물에 넣고 3분 정도 삶은 후 찬물에 헹궈 사리를 만들어 담는다. 쯔유와 물을 섞어서 만든 소스에 무 간 것, 다진 파, 김, 무순, 고추냉이를 곁들여 낸다.

  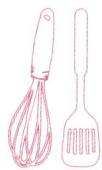     

CHAPTER 06

맛있는 간식이 필요한 시간 + 달콤한 디저트

전자레인지로 간단하게 만드는 간식!
달걀빵

전에는 핫케이크 가루로 만들어 먹기도 했는데 요즘은 더 간단하게 식빵을 이용해서 만든답니다. 식빵에 달걀, 치즈까지 들어 있어서 하나만 먹어도 든든하고, 전자레인지에 휘리릭~ 돌리기만 하면 쉽게 완성되는 최고의 간식이에요.

재료(1개)
- 식빵 1장
- 달걀 1개
- 슬라이스 치즈 ¼개
- 모차렐라 치즈 약간
- 꿀 약간
- 파슬리 약간(없어도 무방하지만 넣으면 더 맛있어요!)

그릇 안쪽에
기름을 바르면
나중에 깔끔하게
떨어져서 좋아요.

노른자를 꼭
터뜨리세요

❶ 그릇에 식빵 넣기
식빵을 접시로 눌러 납작하게 만든 후, 전자레인지용 그릇이나 컵에 접어가며 넣는다.

❷ ① + 달걀 + 모차렐라 치즈, 슬라이스 치즈
식빵 안쪽에 달걀을 깨 넣고, 젓가락으로 노른자를 터뜨린다. 달걀 위에 모차렐라 치즈와 슬라이스 치즈를 얹는다.
⋯ 노른자를 터뜨리지 않으면 전자레인지에서 빵~ 터져버려요!

❸ 꿀 뿌리기
식빵 가장자리에 꿀을 뿌린다.

❹ 전자레인지에 돌리기
전자레인지에서 1분 20초~1분 30초 돌리면 완성된다.
⋯ 전자레인지에는 1개씩 넣어 돌리고 출력에 따라 시간을 조절하세요!

식빵 가장자리에
꿀을 뿌려요

맛있는 Tip
▶ 머핀 틀을 이용하면 한꺼번에 여러 개를 만들 수 있어요. 200℃ 오븐에서 12~15분 정도 구우면 완성됩니다.

매콤달콤 맛있는 간식
떡꼬치

딸들이 초등학교 때 집에서 생일 파티를 하면 빠지지 않고 만들었던 메뉴예요.
보통은 토마토케첩을 넣어 약간 새콤한데, 저는 케첩 없이 매콤달콤하게
만드는 게 더 맛있더라고요. 아이들도 정말 좋아하고, 튀기는 음식이기는
하지만 적은 양의 기름으로 튀길 수 있어서 번거롭지 않아요.

재료(10개)
- 떡볶이 떡 30개
- 식용유 적당량

소스(10~15개 분량)
- 고추장 2큰술
- 물엿 1 ½큰술
- 설탕 1큰술
- 물 1큰술
- 다진 마늘 1작은술
- 식용유 ½작은술
- 땅콩가루 적당량(잘게 부숴 넣으세요.)

❶ 소스 만들기
땅콩가루를 제외한 소스 재료를 분량대로 섞어 약한 불에서 저어가며 살짝 끓인 뒤 불을 끄고 나서 땅콩 가루를 넣는다.

❷ 떡볶이 떡 튀기기
달군 팬에 기름을 두르고 3~4개씩 붙은 떡볶이 떡을 하나씩 뜯어 넣어 튀긴다.
… 기름은 떡볶이 떡의 ⅓ 정도 올라오게 넣으면 충분해요.

❸ 소스 바르기
튀긴 떡볶이 떡을 꼬치에 꽂은 뒤 ①의 소스를 발라 완성한다.

약한 불에 저으며 끓여요

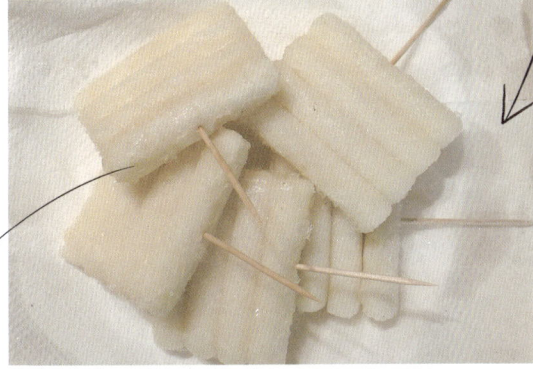

키친타월에 올려 기름을 빼세요

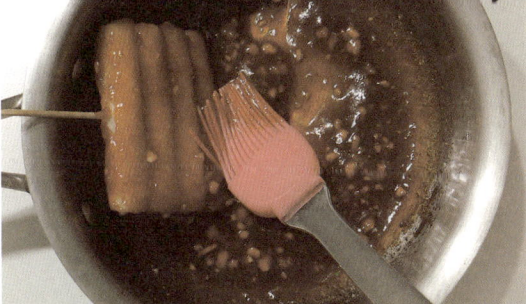

맛있는 Tip
- 번거롭게 꼬치를 꽂지 않고 소스에 버무려 포크로 찍어 먹어도 좋아요.
- 땅콩가루를 이용하는 또 다른 요리…
  고르곤졸라 피자(p.278), 부추닭가슴살볶음밥(p.48)

새콤달콤하게 만드는 맛있는 맛탕
오렌지고구마맛탕

단맛만 나는 보통 맛탕과 다르게 소스에 오렌지 주스를 넣어 새콤한 맛을 더한 고구마맛탕이에요. 고구마도 맛있지만 소스를 입은 아몬드가 정말 맛있는 별미 맛탕이랍니다. 시간이 지나도 딱딱해지지 않고 부드러워 손님상의 후식용으로도 좋아요.

재료 (3~4인분)
- 고구마 큰 것 3개
- 아몬드 슬라이스 ½컵
- 식용유 적당량

소스
- 오렌지 주스 100ml (100% 과즙 주스로 준비)
- 버터 1 ½큰술
- 설탕 5큰술

맛있는 간식이 필요한 시간 + 달콤한 디저트

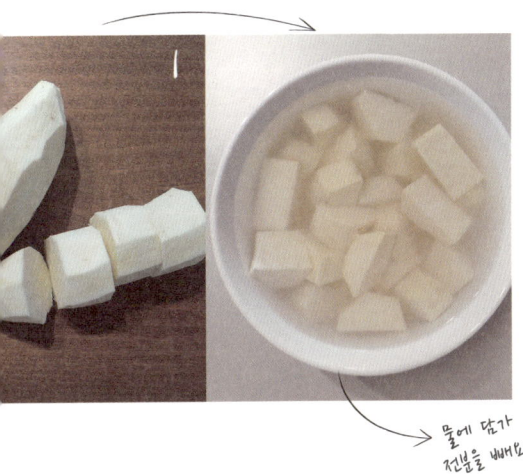

물에 담가
전분을 빼요

❶ **고구마 전분 빼기**
고구마는 한입 크기로 썰어서 물에 30분 정도 담가 전분을 제거한 뒤 키친타월로 물기를 없앤다.
⋯▸ 담가놓을 시간이 없다면 흐르는 물에 몇 번 헹구세요.

❷ **고구마 튀기기**
물기를 제거한 고구마를 180℃로 달군 기름에 갈색이 나도록 튀긴다.

❸ **소스 만들기**
팬에 오렌지 주스, 버터, 설탕을 넣고 약한 불에 끓인다.
⋯▸ 소스가 타거나 너무 졸아들지 않도록 주의하세요.

❹ **소스 + 튀긴 고구마**
끓는 소스에 튀긴 고구마를 넣고 저어가며 조린다.

❺ **④ + 아몬드 슬라이스**
소스가 자작해지면 아몬드 슬라이스를 넣고 잘 섞는다.

파 듬뿍 넣은 양념 간장을 뿌려 먹는
납작만두

대구가 친정인 이웃이 준, 대구 10미 중 하나라는 납작만두. 집에서 만들어보지 않을 수 없었죠. 쫀득한 만두피와 파를 듬뿍 넣은 양념 간장에 자꾸 손이 가는 만두라 넉넉하게 만들어 냉동실에 넣어둔답니다. 라면에 넣어도 맛있고, 쫄면이나 비빔국수와 같이 먹어도 맛있어요.

재료(35개)
- 냉동 왕만두피 35장(실온에 3시간 정도 미리 꺼내 해동하세요.)
- 당면 100g
- 다진 당근 · 다진 부추 · 다진 파 3큰술씩
- 참기름 1큰술 · 소금 1작은술
- 후춧가루 · 식용유 약간씩

양념 간장
- 간장 · 물 6큰술씩
- 다진 파 4큰술
- 고춧가루 · 설탕 · 식초 1큰술씩

당면은 가위로 잘라요

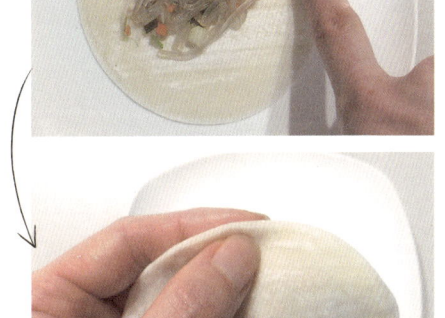

❶ 당면 삶기와 채소 썰기
당면은 끓는 물에 5분 정도 삶아 건진 뒤 찬물에 헹구고 체에 받쳐 놓아 물기를 뺀다. 당근, 부추, 파는 곱게 다져놓는다.
파는 양념 간장에 넣을 분량까지 맞춰 넉넉하게 다진다.

❷ 만두 소 만들기
볼에 당면을 담고 가위로 잘게 자른다. 여기에 다진 당근·부추·파를 넣고 참기름과 소금, 후춧가루를 넣어 고루 섞는다.

❸ 만두 빚기
해동한 만두피 위에 만두 소를 올리고 만두피 테두리에 물을 발라 꾹꾹 눌러 납작한 만두를 빚는다.

❹ 만두 찌기
찜통에 김이 오르면 만두를 넣고 만두피가 익을 정도만 찐다.
⋯› 이 상태로 식혀서 냉동실에 보관합니다.

❺ 양념 간장 만들기
재료를 분량대로 섞어 양념 간장을 만든다.

❻ 만두 굽기
달군 팬에 기름을 조금만 바르고 만두를 살짝 굽는다.
만두를 그릇에 담고 양념 간장을 뿌려서 먹는다.

만두피가 익을 정도만!

🧤 맛 있 는 Tip
▶ 쫄면이나 비빔국수를 만들어서 만두에 싸먹으면 맛있어요. 굽지 않고 푹쪄서 양념 간장을 뿌려먹어도 맛있답니다.

채소와 떡, 당면을 듬뿍 넣어 푸짐한
순대볶음

양배추, 깻잎, 당근에 떡볶이 떡, 당면을 넣어 한 끼 식사로도 손색이 없는 순대볶음이에요. 순대는 가게에서 구입하거나 마트에서 진공 포장된 것을 사서 쓰고, 들깨가루를 넣어 구수한 맛을 더하면 신림동 순대골목 부럽지 않은 맛있는 순대볶음을 만들 수 있답니다.

재료(3~4인분)
- 순대 300g
- 멸치 육수 200ml ▶ 멸치 육수 만들기(p.34)
- 떡볶이 떡 10~15개(냉동 상태인 떡은 쪄서 부드럽게 준비해요.)
- 당면 또는 쫄면 30g □ 당근 ¼개
- 양파 ½개 □ 양배추 1줌
- 깻잎 10장 □ 대파 ½대
- 청양고추·홍고추 ½개씩

양념장
- 고추장·설탕·들깨가루 2큰술씩
- 간장·청주 1큰술씩
- 다진 마늘·고춧가루 1큰술씩
- 라면스프 ¼봉지 □ 멸치 육수 50ml

맛있는 간식이 필요한 시간 + 달콤한 디저트

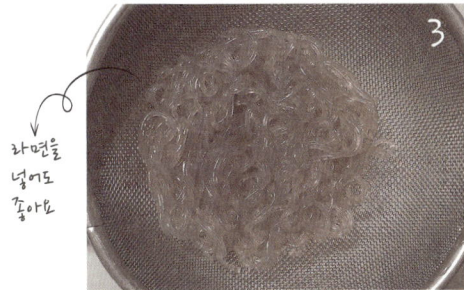

라면을 넣어도 좋아요

❶ 재료 준비하기
순대는 먹기 좋은 크기로 썰고, 당근은 큼직하고 어슷하게 썬다. 양파는 채 썰고, 양배추와 깻잎은 1cm 정도 폭으로 길쭉하게 썬다. 청양고추와 홍고추는 어슷 썰고, 파는 송송 썬다.

❷ 양념장 만들기
재료를 분량대로 섞고 잘 저어서 양념장을 만든다.

❸ 당면 삶기
당면을 끓는 물에 5분 정도 삶아 찬물에 헹궈 건져놓는다.

❹ 멸치 육수 + 당근, 양배추, 양파, 고추
멸치 육수에 당근, 양파, 양배추, 고추를 넣고 끓인다.

❺ ④ + 양념장 + 순대, 떡볶이 떡
④에 양념장과 순대, 떡볶이 떡을 넣고 끓인다.

❻ ⑤ + 깻잎, 당면, 파
⑤에 깻잎, 당면, 파를 넣고 섞는다.

국물을 넉넉하게 만들어 더 맛있는
국물떡볶이

국물을 넉넉하게 만들어서 사리도 넣고 김밥이나 만두 등을 찍어 먹기도 좋은 맛있는 떡볶이에요. 걸쭉한 떡볶이와는 또 다른 매력의 국물떡볶이에 이번에는 쫄면 사리를 넣어 만들어봤답니다. 국물이 넉넉하니까 라면, 달걀, 만두 등 다양한 사리를 넣어 만들어보세요.

재료 (2인분)
- 떡볶이 떡 20~22개(300g)
  (냉동 상태인 떡은 쪄서 부드럽게 준비해요.)
- 쫄면 50g
- 멸치 육수 600~700ml ▶ 멸치 육수 만들기 (p.34)
- 사각 어묵 3장 □ 양파 ½개
- 양배추 2줌 □ 대파 1대

양념장
- 고추장 3큰술 □ 설탕 ½큰술
- 고춧가루 · 다진 마늘 1큰술씩
- 간장 · 물엿 1큰술씩

❶ 재료 준비하기
양파는 가늘게 채 썰고, 양배추는 1cm 정도 폭으로 길쭉하게 썬다. 어묵은 먹기 좋은 크기로 잘라놓고, 파는 송송 썬다.

❷ 쫄면 삶기
끓는 물에 쫄면을 2분 30초 정도 삶은 뒤 찬물에 헹궈 체에 밭쳐놓는다.

❸ 멸치 육수 + 양파, 양배추
냄비에 멸치 육수를 붓고 양파와 양배추를 넣어 끓인다.

❹ ③ + 양념장, 떡볶이 떡, 어묵
③에 양념장 재료를 모두 넣고 떡볶이 떡과 어묵을 넣어 끓인다.

❺ ④ + 쫄면, 파
떡볶이 떡과 어묵이 적당히 익으면 삶아놓은 쫄면과 파를 넣는다.

면 사리는 나중에 넣으세요

맛있는 Tip
- 쫄면을 이용하는 또 다른 요리…
  순대볶음(p.268), 카르보나라떡볶이(p.272)
- 사각어묵으로 만드는 또 다른 요리…
  매운어묵탕(p.98)

스파게티보다 더 맛있다!
카르보나라떡볶이

카르보나라스파게티의 카르보나라 소스로 만든 떡볶이에요. 매콤한 떡볶이와는 또 다른 매력이 있는 카르보나라떡볶이. 청양고추를 넣어 느끼하지 않고 깔끔한 맛에 쫄면 사리의 쫄깃함까지 더해 카르보나라스파게티보다 더 맛있답니다.

재료 (2인분)
- ☐ 쫄면 50g
- ☐ 떡볶이 떡 20개 (냉동 상태인 떡은 쪄서 부드럽게 준비해요.)
- ☐ 다진 파 2큰술

카르보나라 소스
- ☐ 베이컨 4줄 ☐ 마늘 4톨
- ☐ 양파 ¼개 ☐ 청양고추 1개
- ☐ 우유 · 생크림 200ml씩
- ☐ 달걀노른자 1개
- ☐ 슬라이스 치즈 1장
- ☐ 소금 약간

맛있는 간식이 필요한 시간 + 달콤한 디저트

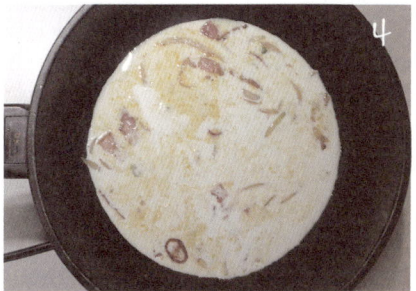

❶ 재료 준비하기
베이컨은 1cm 정도 폭으로 길쭉하게 썰고, 마늘은 편으로 썬다. 양파는 가늘게 채 썰며, 청양고추는 잘게 송송 썰고, 파는 다져놓는다. 우유와 생크림에 달걀노른자를 넣고 잘 젓는다.

❷ 베이컨 볶기
달군 팬에 베이컨을 타지 않게 볶는다.

❸ ② + 마늘, 양파, 청양고추
②에서 기름이 나오면 마늘, 양파, 청양고추를 넣고 볶는다.

❹ ③ + 우유, 생크림, 달걀노른자
③에서 매운 향이 나면 우유, 생크림, 노른자 섞은 것을 넣고 바글바글 끓인다.

❺ 쫄면 삶기
끓는 물에 쫄면을 약간 덜 삶아진 듯하게 2분 30초 정도 삶은 뒤 찬물에 헹궈 체에 밭쳐놓는다.

❻ ④ + 슬라이스 치즈 + 소금
④의 소스가 약간 걸쭉해지면 슬라이스 치즈를 넣고 소금 간을 한다.

❼ ⑥ + 떡볶이 떡 + 쫄면, 파
끓고 있는 ⑥의 소스에 떡볶이 떡을 넣고 마지막으로 쫄면과 다진 파를 넣는다.
⋯→ 그릇에 담고 위에 어린잎 채소를 올려 같이 먹어도 맛있어요.

슬라이스 치즈를 녹이며 고루 섞어요

맛있는 Tip
▶ 달걀흰자만 쓰는 요리⋯초콜릿머그케이크(p.288), 깐풍기(p.162), 깐쇼새우(p.164)의 튀김옷
▶ 쫄면을 이용하는 또 다른 요리⋯순대볶음(p.268), 국물떡볶이(p.270)

간단하게 만들어서 든든하게 먹는
치킨브리토

토르티야와 시판 스파게티 소스로 만들 수 있는 든든한 간식이에요. 빵집이나 카페에서 파는 브리토보다 훨씬 푸짐하고 맛있답니다. 밥이 들어 있어서 한 끼 식사로도 손색없고, 넉넉하게 만들어서 냉동 보관해두면 급할 때 요긴하게 쓸 수 있어요. 토르티야는 밀가루나 옥수수 가루를 반죽해 빈대떡처럼 부친 것으로 채소나 고기를 싸서 먹는 멕시코 전통 음식이에요. 보통 냉동 상태로 판매하고 6호, 8호, 10호 3가지 크기가 있답니다.

재료(4개)
- 냉동 토르티야 4장(8호나 10호로 준비해 실온에서 해동하세요.)
- 통조림 닭가슴살 1캔(135g) ▶ 닭가슴살을 삶아서 넣으면 더욱 맛있어요.
- 슬라이스 치즈 2장
- 모차렐라 치즈 1컵

토르티야 소
- 밥 1½공기
- 시판 로제 소스 2큰술(토마토스파게티 소스로 만들어도 돼요.)
- 두반장 1큰술

맛있는 간식이 필요한 시간 + 달콤한 디저트 **275**

❶ 토르티야 소 만들기
재료를 분량대로 섞어 토르티야 소를 만든다.

❷ 브리토 만들기
토르티야 위에 토르티야 소 ⇨ 닭가슴살 ⇨ 슬라이스 치즈 ⇨ 모차렐라 치즈 순으로 올린 다음 토르티야를 돌돌 만다.

옆면을 먼저 접고 돌돌 말아요

❸ 굽기
200℃로 예열한 오븐에서 10~15분 굽는다.
⋯▶ 오븐이 없다면 팬에서 돌려가며 구우세요.

〈로제 소스〉
토마토 소스에 생크림을 넣어 좀 더 부드러운 맛이 나는 소스예요.

〈두반장〉
매콤한 쓰촨식 요리에 많이 쓰이는 콩으로 만든 중국 소스예요. 중국 요리의 매콤한 맛은 대부분 두반장을 이용한답니다.

200℃ 오븐에서 10~15분!

맛있는 Tip
▶ 넉넉하게 만들어 굽기 전 상태로 냉동실에 넣었다가 그때그때 해동해 구워 먹으면 좋아요.
▶ 로제 소스와 두반장, 토르티야는 대형 마트에서 쉽게 구입할 수 있어요.

쇠고기를 넣어 더 든든한
불고기브리토

두반장과 핫 소스를 넣어 양념한 쇠고기를 넣은 맛있는 브리토예요. 밥을 넣어 든든하게 만들어도 좋고, 밥을 넣지 않고 간식이나 안주용으로 가볍게 만들어도 좋답니다. 만들기는 쉽지만 고급스러운 맛을 내는 불고기브리토예요.

재료(5~6개)
- 토르티야 5~6장(8호나 10호로 준비해 실온에서 해동해두세요.)
- 밥 2공기
- 다진 쇠고기 300g
- 슬라이스 치즈 3장, 모차렐라 치즈 1½컵

쇠고기 밑간
- 다진 마늘 2큰술, 청주 1큰술
- 후춧가루 약간

쇠고기 볶음 양념
- 토마토케첩 6큰술, 설탕 2큰술
- 두반장 · 핫소스 ½큰술씩

맛있는 간식이 필요한 시간 + 달콤한 디저트 **277**

❶ 쇠고기 밑간하기
분량의 양념 재료로 쇠고기를 밑간한다.
→ 비닐봉투에 함께 넣어서 조물조물 밑간하면 편해요.

❷ 쇠고기 볶기
팬을 뜨겁게 달궜다가 불을 줄여 고기가 덩어리지지 않게 볶는다. 반 정도 익으면 센 불로 올려 마저 볶고 볶음 양념을 넣어 좀 더 볶는다.

❸ 브리토 만들기
토르티야 위에 밥 ⇨ 볶은 쇠고기 ⇨ 슬라이스 치즈 ⇨ 모차렐라 치즈 순으로 올려 토르티야를 돌돌 만다.

❹ 굽기
200℃로 예열한 오븐에서 10~15분 굽는다.
→ 오븐이 없다면 팬에서 돌려가며 구우세요.

맛있는 Tip
▶ 넉넉하게 만들어 굽기 전 상태로 냉동실에 넣었다가 그때그때 해동해 구워 먹으면 좋아요.
▶ 고기만 넣고 만든 불고기브리토는 사과잼과 곁들이면 맛있어요.

고르곤졸라 치즈만 있으면 만들기 너무 쉬운
고르곤졸라피자

꿀에 찍어서 먹으면 정말 맛있는 고르곤졸라피자. 피자 반죽으로 만들면 좋겠지만 간단히 토르티야에 만들어도 충분히 맛있어요. 요즘엔 고르곤졸라 치즈도 대형 마트 등에서 구입할 수 있어요. 소량만 넣어도 특유의 향과 맛이 나고 하나 사면 여러 판 만들어 먹을 수 있으니 한번 구입해보세요.

재료(1판)
- 토르티야 2장(8호나 10호로 준비해서 실온에서 해동하세요.)
- 고르곤졸라 치즈 1줌(덩어리 타입은 잘게 잘라서 준비하세요.)
- 모차렐라 치즈 2컵
- 사과 ¼개(사과는 생략해도 됩니다.)
- 꿀·땅콩가루 약간씩

마늘오일
- 다진 마늘 ¼큰술
- 올리브유 1½큰술

맛있는 간식이 필요한 시간 + 달콤한 디저트 **279**

토르티야 2장을 겹친 위에 마늘 오일을!

❶ **재료 준비하기**
토르티야는 실온에서 해동하고, 고르곤졸라 치즈와 모차렐라 치즈는 1:4~1:6의 비율로 섞는다. 모차렐라 치즈는 일부를 따로 남겨놓는다. 사과는 얇게 썰고, 다진 마늘과 올리브유를 섞어 마늘 오일을 만들어놓는다.

❷ **피자 만들기**
토르티야 ⇨ 모차렐라 치즈 약간 ⇨ 토르티야 ⇨ 마늘 오일 바르기 ⇨ 사과 ⇨ 모짜렐라 치즈 + 고르곤졸라 치즈 순서로 올려서 피자를 만든다.

❸ **굽기**
200℃로 예열한 오븐에 10~12분간 구운 후, 땅콩가루를 섞은 꿀과 같이 낸다.

200℃ 오븐에서 10~12분!

맛있는 Tip
- 마늘을 좋아한다면 마늘을 편으로 썰어 사과와 같이 올려도 좋아요.
- 같이 먹으면 어울리는 파스타…파셰(p.250)

시금치를 듬뿍 올린 맛있는 피자
시금치피자

캐나다 사는 친구가 요즘 캐나다에서 유행하는 피자라며 알려준 거예요.
캐나다에서는 얇은 피자 반죽을 쉽게 살 수 있어서 그걸로 만든다는데
여기서는 구하기 힘드니까 토르티야로 만들었죠! 시금치 남았을 때
만들어 먹으면 정말 좋답니다.

맛있는 간식이 필요한 시간 + 달콤한 디저트

토르티야 2장을 겹쳐요

피자 소스를 바른 위에 시금치를 올려요

재료(1판)
- 토르티야 2장(8호나 10호로 준비해서 실온에서 해동하세요.)
- 시금치 1줌
- 시판 피자 소스 2~3큰술
- 모차렐라 치즈 2컵

200℃ 오븐에서 10~12분!

❶ 재료 준비하기
토르티야는 실온에서 해동하고, 시금치는 다듬어 씻어놓는다.

❷ 피자 만들기
토르티야 ⇨ 모차렐라 치즈 ⇨ 토르티야 ⇨ 피자 소스 바르기 ⇨ 시금치 ⇨ 모차렐라 치즈 순서로 토르티야 2장을 겹쳐서 피자를 만든다.

❸ 굽기
200℃로 예열한 오븐에 10~12분간 굽는다.

가지로 만드는 맛있는 한입 피자
가지피자

가지는 항암 효과가 있는데다 칼로리가 낮아서 다이어트에도 좋은데 아이들은 별로 좋아하지 않는 채소지요. 하지만 가지로 한입 피자를 만들면 가지를 먹지 않던 아이들도 맛있다며 잘 먹는답니다. 제철일 때는 가격도 착한 가지와 시판 피자 소스로 간단하게 만들어보세요.

재료(20~25개)
- 가지 2개
- 모차렐라 치즈 1~2컵
- 파슬리 약간

소스
- 피자 소스 8큰술
- 양파 ¼개
- 청·홍 파프리카 ¼개씩
- 올리브유 1큰술

맛있는 간식이 필요한 시간 + 달콤한 디저트 **283**

적당한 양을 골고루 올려요

❶ 채소 썰기
가지는 5cm 정도 길이로 썰어서 다시 3~4등분하고, 양파와 파프리카는 잘게 썬다.

❷ 소스 만들기
피자 소스와 양파, 파프리카, 올리브유를 버무려 소스를 만든다.

❸ 가지피자 만들기
오븐 팬에 기름 종이를 깔고 가지를 올린 뒤 가지 위에 소스와 모차렐라 치즈를 얹는다.

❹ 굽기
180℃로 예열한 오븐에 15분 정도 굽고 파슬리 가루를 조금씩 뿌린다.

180℃ 오븐에서 15분!

고소하고 달콤한 예쁜 쿠키
땅콩쿠키

요즘엔 시판하는 쿠키가 워낙 맛있어서 잘 만들지 않게 되더군요. 그러다 보니 여러 쿠키 레시피가 하나둘 없어졌는데 초코칩쿠키와 함께 유일하게 살아남은 레시피가 바로 이 땅콩쿠키랍니다. 모양도 너무 예쁘고 땅콩버터의 고소함이 매력적인 쿠키예요.

재료(20~30개)
- 밀가루 박력분 260g
- 베이킹 파우더 1작은술
- 베이킹 소다 1작은술
- 바닐라 1작은술(생략 가능)
- 버터 120g(계량 후 실온에 두어 부드러운 상태로 만드세요.)
- 설탕 120g
- 달걀 1개
- 땅콩버터 3큰술
- 땅콩 20~30개

맛있는 간식이 필요한 시간 + 달콤한 디저트 **285**

❶ 재료 계량하기
버터, 설탕, 박력분, 베이킹 소다, 베이킹 파우더, 바닐라를 계량한다.
→ 베이킹 소다, 베이킹 파우더, 바닐라는 박력분에 합치세요.

❷ 버터 + 설탕
실온에 두어 부드러워진 버터에 설탕을 넣고 핸드 믹서로 충분히 섞는다.

❸ ② + 달걀 푼 물
②에 달걀 푼 물을 조금씩 나누어 넣어가며 핸드 믹서로 섞는다.

❹ ③ + 땅콩버터
③에 땅콩버터를 넣고 부드러워질 때까지 핸드 믹서로 섞는다.

❺ ④ + 박력분, 베이킹 파우더, 베이킹 소다 + 바닐라
④에 박력분, 베이킹 파우더, 베이킹 소다, 바닐라 계량해놓은 것을 체로 치며 넣는다. 고무 주걱으로 밀가루가 보이지 않을 정도로 잘 섞는다.

❻ 굽기
반죽을 손으로 동그랗게 만들어서 오븐 팬에 올린 후 땅콩을 반죽 위에 박는다. 180℃로 예열한 오븐에서 15분 정도 굽는다.

바로 체 쳐서 넣어요

180℃ 오븐에서 15분!

맛있는 Tip
▶ 땅콩이 없으면 반죽만 구워도 맛있어요. 이때는 반죽 가운데를 손가락으로 살짝 눌러놓습니다.
▶ 아몬드 가루, 다진 호두 등을 넣어도 맛있고 바닐라 향이나 바닐라 익스트랙트를 넣으면 풍미가 더 좋아집니다.

부드럽고 고소한 '완소' 쿠키!
초코칩쿠키

아이들 생일, 스승의 날, 어버이날, 크리스마스 등의 특별한 날이나 이웃집에 방문할 때 선물용으로 수십 번 구우면서 이렇게도 구워보고, 저렇게도 구워보며 완성된 레시피예요. 밖에서 사 먹는 쿠키보다 훨씬 부드러우면서 달지 않고, 만들기도 쉬운 최고의 레시피라고 자부해요.
큰딸은 작년 발렌타인데이에 초콜릿 대신 이 초코칩쿠키를 만들어 친구들에게 돌렸답니다.

재료(30개정도)
- 밀가루 박력분 400g
- 베이킹 파우더 1작은술
- 베이킹 소다 1작은술
- 바닐라 1작은술(생략해도 괜찮아요.)
- 버터 200g(계량 후 실온에 두어 부드러운 상태로 만들어요.)
- 황설탕 160g(황설탕을 쓰면 색깔이 더 예뻐요.)
- 초코칩 120g
- 달걀 2개
- 아몬드가루, 땅콩가루 약간씩(생략해도 좋지만 넣으면 더 고소해요.)

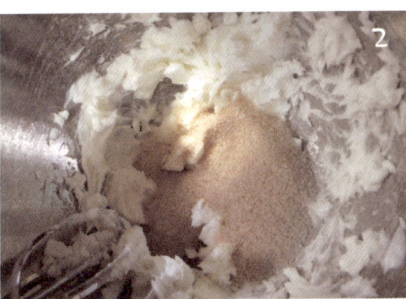

재료를 정확하게 계량하세요

❶ 재료 계량하기
박력분 베이킹 파우더, 베이킹 소다, 바닐라, 버터, 황설탕, 초코칩을 계량한다.
→ 베이킹 파우더, 베이킹 소다, 바닐라는 박력분에 합치세요.

❷ 버터 + 황설탕
실온에 두어 부드러워진 버터에 황설탕을 넣고 핸드 믹서로 충분히 섞는다.

❸ ② + 달걀 푼 물
②에 달걀 푼 물을 2~3회에 나누어 조금씩 넣어가며 핸드 믹서로 섞는다.

❹ ③ + 박력분, 베이킹 파우더, 베이킹 소다 + 바닐라
③에 박력분, 베이킹 파우더, 베이킹 소다, 바닐라를 체치며 넣는다.
→ 미리 체 쳐둘 필요 없이 바로 체 쳐서 넣어요.

❺ ④ + 초코칩(+ 아몬드가루, 땅콩가루)
④에 초코칩을 넣고 고무 주걱으로 밀가루가 보이지 않을 정도로만 섞는다. 이때 아몬드가루와 땅콩가루를 섞어도 좋다.
→ 초코칩을 2큰술 정도 남겼다가 반죽을 오븐 팬에 올린 후 군데군데 박으면 더 예쁜 쿠키를 만들 수 있어요.

❻ 굽기
숟가락 2개를 이용해서 적당한 크기로 반죽을 떼어 오븐 팬에 올린다. 180℃로 예열한 오븐에서 15분 정도 굽는다.
→ 한 숟가락으로 뜨고 다른 숟가락으로 밀어 울퉁불퉁한 모양 그대로 구우세요.

180℃ 오븐에서 15분!

맛있는 Tip
▶ 울퉁불퉁 도톰하게 구워야 옆으로 퍼져 평평해지니까 그냥 투박하게 만드세요.
▶ 다진 호두를 넣어도 맛있고 바닐라 향이나 바닐라 익스트랙트를 넣으면 풍미가 더 좋아져요!

전자레인지에서 만드는 초간단 케이크
초콜릿머그케이크

요리를 하다 보면 달걀노른자만 쓰는 요리들이 많죠. 이럴 때 남은 달걀흰자로 만들면 딱 좋은 초간단 초콜릿케이크예요. 핸드 믹서로 휘리릭~ 돌려서 전자레인지에 2분만 돌리면 쫀득쫀득 달지 않고 맛있는 초콜릿케이크가 완성된답니다.

재료 (1개)

- ☐ 밀가루 중력분 1큰술
- ☐ 달걀흰자 1개 분량
- ☐ 우유 3큰술
- ☐ 설탕 2큰술
- ☐ 코코아 파우더 2큰술 (빵 만들 때 쓰는 단맛 없는 카카오 분말을 사용해요.)
- ☐ 포도씨유 2큰술

가능하면 핸드 믹서를 이용하세요

가득 담지 마세요

❶ 핸드 믹서로 재료 섞기
모든 재료를 분량대로 준비해 섞은 뒤 한꺼번에 핸드 믹서로 2분간 빠르게 돌린다. 이때, 우유는 코코아 파우더를 잘 녹게 하기 위해 전자레인지에 잠깐 돌려 따뜻하게 한 후 넣는다.
··· 손으로 섞어도 되지만 핸드 믹서로 돌리면 좀 더 부드러운 케이크가 된답니다.

❷ 머그잔에 담기
전자레인지에 돌려도 되는 내열 머그잔에 ①의 반죽을 담는다.
··· 부풀어 오르니까 너무 가득 담지 마세요.

❸ 전자레인지에 돌리기
②를 전자레인지에 1~2분 돌린다. 완성된 케이크 위에 슈거 파우더를 뿌리면 더 예쁜 케이크를 만들 수 있다.
··· 제품마다 전자레인지의 출력이 다르므로 돌리는 시간은 조절하세요.

맛있는 Tip
- ▶ 코코아 파우더와 설탕의 양은 취향에 따라 조절하세요.
- ▶ 달걀노른자만 쓰는 요리···카르보나라떡볶이(p.272), 아이스크림(p.290)
- ▶ 전자레인지로 만드는 또 다른 간식···달걀빵(p.260)

집에서 간단하게 만드는
녹차아이스크림 & 우유아이스크림

아이스크림을 정식으로 만들자면 생크림 중탕하고, 달걀 거품 내고…. 과정이 꽤 복잡해서 잘 만들지 않게 되죠. 하지만 복잡한 과정을 거치지 않고도 충분히 맛있는 아이스크림을 만들 수 있어요. 재료를 섞어서 그대로 얼리면 아이스캔디같이 되고, 1시간 정도마다 꺼내서 섞으면 쫀득쫀득한 아이스크림이 완성되거든요.

녹차아이스크림
- ☐ 우유 400ml
- ☐ 생크림 100ml
- ☐ 설탕 7큰술
- ☐ 녹찻가루 2~3큰술
- ☐ 달걀노른자 2개(아이스크림에 안정제 같은 역할을 해요.)

우유아이스크림
- ☐ 우유 400ml
- ☐ 생크림 100ml
- ☐ 설탕 5큰술
- ☐ 달걀노른자 2개

달걀노른자가 익지 않을 정도의 온도여야 해요

❶ 우유, 생크림, 설탕, 녹찻가루 끓이기
냄비에 우유, 생크림, 설탕, 녹찻가루를 넣어 중약 불에 끓인다. 냄비 가장자리가 끓어오르면(80℃ 정도) 불을 끈다.
→ 녹찻가루의 양은 취향에 따라 조절하세요.

❷ 달걀노른자 넣기
달걀이 익지 않을 정도가 되도록 ①을 식힌 후 달걀노른자를 넣고 거품기로 젓는다.

❸ 얼리기
②를 완전히 식혀 용기에 담은 뒤 냉동실에서 얼린다. 1시간마다 꺼내어 고루 저은 뒤 다시 넣어 얼리기를 반복하면 부드럽고 쫀득한 녹차아이스크림이 된다.

❹ 우유아이스크림 만들기
①~③과 같은 방법으로 우유, 생크림, 설탕을 넣고 끓인 뒤 달걀노른자를 섞고 중간중간 저으며 얼린다.

맛있는 Tip
- ▶ 중간 중간 꺼내서 저으면 쫀득한 아이스크림이 되고, 그대로 얼리면 사각사각한 셔벗처럼 돼요.
- ▶ 달걀흰자만 쓰는 요리…초콜릿머그케이크(p.288), 깐풍기(p.162)와 깐쇼새우(p.164)의 튀김옷

CHAPTER 07

엄마의 정성 담은 도시락
+ 도시락 반찬
+ 도시락 싸기

간단하지만 너무 맛있는
스팸초밥

뜨거운 밥에 한 조각만 올려놓고 먹어도 입맛이 확 도는 스팸!
스팸으로 간단하면서도 맛있는 초밥을 만들어보았어요.
작은 캔을 이용해도 되고, 무스비 틀을 구입해서 간단히 예쁘게
만들 수도 있어요. 도시락으로 쌀 때는 비닐 랩으로 싸서 주먹밥처럼,
분위기 있게 먹을 때는 접시에 예쁘게 담아 스테이크처럼 즐겨요.

재료(8개)
- 밥 3공기
- 참기름 ½큰술
- 스팸 큰 통 1캔
- 구운 김밥용 김 2장

스팸 조림 소스
- 간장·청주 2큰술씩
- 올리고당·물 2큰술씩

❶ 재료 준비하기
밥은 참기름을 넣어 섞고, 스팸은 8등분한다. 김은 길게 4등분한다.

❷ 스팸 굽기
스팸을 끓는 물에 살짝 데쳐 기름기를 뺀다. 팬에 스팸을 굽다가 분량대로 섞어 만든 조림 소스를 넣고 스팸을 앞뒤로 뒤집으며 조린다.

❸ 스팸초밥 만들기
비닐 랩 위에 무수비 틀을 올리고 안에 밥을 넣어 누른 후 틀을 제거하고 위에 스팸을 올린다. 가운데를 김으로 감싸고, 비닐 랩으로 포장한다.

스팸 무수비 틀
아크릴로 된 사각 틀로 쉽고 예쁘게 스팸초밥과 무수비를 만들 수 있어요. 도시락을 자주 싸거나 아이들이 있는 집은 구입하면 좋아요. 구입은 인터넷 쇼핑몰에서! ('무수비 틀'로 검색하세요)

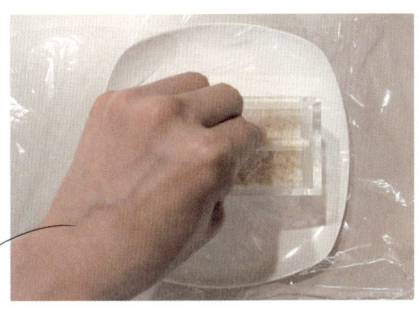

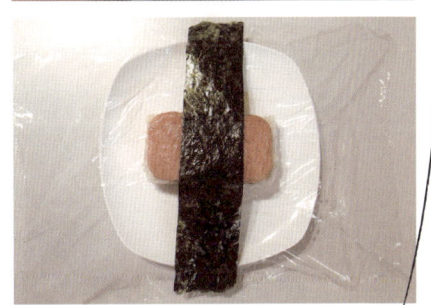

🧤 맛있는 Tip
▶ 만약 무수비 틀이 없다면, 스팸 작은 캔을 이용해 만들 수도 있어요. 캔 안에 비닐 랩을 넣고 밥을 넣어 모양을 잡은 뒤 꺼내어 밥에 스팸을 올리고 김을 둘러 비닐 랩으로 포장하면 된답니다.

스팸으로 만드는 사각 김밥
스팸무수비

스팸무수비는 하와이에서 어업을 금지했을 때 생선 대신 프레스 햄으로 초밥을 만들어 먹은 데서 유래했다고 해요. 하와이안무수비, 하와이김밥이라고도 불리는 스팸무수비는 모양도 예쁘고, 만들기도 김밥보다 훨씬 간단하답니다.

재료(2~3인분)
- 밥 3공기
- 참기름 ½큰술
- 스팸 큰 통 1캔, 깻잎 20장
- 구운 김밥용 김 4장, 식용유 약간

달걀지단
- 달걀 5개
- 청주 1큰술
- 소금·설탕 1작은술씩

스팸 조림 소스
- 간장·청주 2큰술씩
- 올리고당·물 2큰술씩

엄마의 정성 담은 도시락 **297**

↙ 사각 팬에
만들면 더 좋아요.

❶ 달걀지단 부치기
달걀지단 재료를 분량대로 잘 섞은 후 약한 불에서 기름을 조금 바른 팬에 두껍게 지단을 부친다.

❷ 스팸 굽기
스팸 큰 통 하나를 8등분한 뒤 끓는 물에 살짝 데쳐 기름기를 뺀다. 팬에 스팸을 굽다가 분량대로 만든 조림 소스를 넣고 스팸을 앞뒤로 뒤집으며 조린다.

❸ 재료 준비하기
밥에 참기름을 넣어 섞는다. 달걀지단은 스팸 크기로 썰고, 깻잎은 반으로 썬다. 김은 2등분한다.
⋯ 김은 긴 쪽을 세로로 놓고, 가로 방향으로 2등분하세요!

❹ 스팸무수비 만들기
김 가운데에 무수비 틀을 올리고 틀 안에 밥 ⇨ 스팸 ⇨ 깻잎 ⇨ 지단 ⇨ 밥 순서로 올려 꾹 누른다. 틀을 제거하고 김으로 만다.
⋯ 틀이 없는 경우 스팸 작은 통에 순서대로 넣고 누른 다음 꺼내서 김으로 마세요.

❺ 무수비 굽기
팬에 기름 없이 무수비를 돌려가며 구우면 더 단단하고 모양도 예쁘게 잡힌다.

기름 없이 팬에
돌려가며 구워요 ↙

냉장고 속 채소로 만드는 맛있는 김밥
샐러드김밥

당근, 양배추, 양상추, 깻잎은 쓰다가 남기 쉬운 대표적인 채소들이죠. 이런 채소들에 게맛살(크래미)과 날치알을 곁들여 맛있는 김밥을 만들 수 있답니다. 누드김밥으로 싸서 큼직하게 썰면 더욱 예뻐요!

재료(6줄)
- 밥 5공기
- 참기름 1큰술
- 흑임자 2~3큰술
- 당근 ½개, 깻잎 12장
- 채 썬 양배추 · 채 썬 양상추 2줌씩
- 게맛살(크래미) 6개
- 날치알 1큰술
- 마요네즈 3큰술
- 허니 머스터드 소스 1큰술
- 김밥용 구운 김 6장

엄마의 정성 담은 도시락 **299**

샐러드김밥 말기

❶ 밥 + 참기름, 흑임자
밥에 참기름과 흑임자를 넣어 섞은 후 식힌다.
⋯→ 익히지 않은 채소를 넣고 김밥을 싸기 때문에 충분히 식혀야 해요.

❷ 재료 준비하기
당근, 양배추, 양상추를 최대한 가늘게 채 썰고, 깻잎은 깨끗이 씻어 물기를 제거한다.

❸ 게맛살 + 날치알 + 마요네즈 + 허니 머스터드 소스
적당히 손으로 뜯은 게맛살, 날치알, 마요네즈, 허니 머스터드 소스를 섞어놓는다.

❹ 김밥 말기
김 위에 밥을 깔고 깻잎 2장을 올린 뒤 그 위에 양상추, 양배추, 당근을 얹고 맨 위에 ③을 올려서 김밥을 만다.

누드김밥 말기

김발 ⇨ 김 ⇨ 밥 ⇨ 비닐 랩 순서로 올린 다음 김을 잡고 뒤집는다. 김 위에 깻잎 ⇨ 양배추, 양상추, 당근 ⇨ 게맛살, 날치알 + 마요네즈 + 허니 머스터드 소스를 올려 김밥을 만다.

비닐 랩에 싼 채로 썰면 예쁘게 썰 수 있어요

맛있는 Tip

▶ 김발을 당겨가면서 말면 김밥을 좀 더 단단히 쌀 수 있어요.
▶ 누드김밥으로 쌀 때 흑임자를 넣으면 더 예쁜 김밥이 된답니다.
▶ 고추냉이(와사비) 간장을 찍어 먹으면 더욱 맛있어요.

아보카도로 만드는 산뜻한 김밥
아보카도김밥

아보카도는 그냥 먹으면 버터를 생으로 먹는 것 같은 맛인데 김밥으로 싸면 산뜻하고 맛있답니다. 아보카도 큼직한 것 1개면 8줄의 김밥을 쌀 수 있어서 식당에서 7천~8천 원에 파는 캘리포니아롤을 저렴하게 만들 수 있어요. 도시락으로 좋고, 손님 초대 요리로도 손색이 없는 고급스러운 김밥이랍니다.

재료(8줄)
- 밥 6공기 + 단촛물 3큰술
  ▶ 단촛물 만들기(p.37)
- 아보카도 큰 것 1개
  (약간 말랑한 것으로 준비하세요.)
- 오이 1개
- 날치알 4큰술 + 레몬즙(또는 청주) 약간
- 게맛살 8개
- 김밥용 구운 김 8장

엄마의 정성 담은 도시락 **301**

❶ 밥 + 단촛물
밥이 뜨거울 때 단촛물을 넣고 섞은 뒤 식힌다.

❷ 재료 준비하기
아보카도는 길게 16등분하고, 오이는 씨 부분을 제거하고 길게 8등분한다.
날치알은 실온에서 해동한 후 레몬즙(또는 청주)을 조금 뿌려 비린 맛을 제거한다.

❸ 누드김밥 싸기
김발 ⇨ 김 ⇨ 밥 ⇨ 날치알 ⇨ 비닐 랩 순서로 올린 다음 김을 잡고 뒤집는다.
김 위에 아보카도, 맛살, 오이를 올려 비닐 랩을 빼면서 김밥을 만다.

❹ 김밥 썰기
비닐 랩을 싼 채로 썬 후 비닐 랩을 제거한다.
⋯▸ 이렇게 썰면 내용물이 빠지지 않고 밥알도 흐트러지지 않게 예쁘게 썰 수 있어요.

맛있는 Tip
▶ 단촛물을 만들기 귀찮으면 '스시노코'라는 가루 식초를 이용해도 된답니다.
▶ 고추냉이(와사비) 간장을 찍어 먹으면 더욱 맛있어요.

간단하지만 정말 맛있는 초간단 김밥
김치볶음김밥

단무지, 햄, 달걀, 시금치….
생각보다 준비물도 많이 필요하고 만들기도 쉽지 않은 김밥.
하지만 간단히 만들 수 있는 방법도 있답니다.
가끔 반찬 할 것도 없고 간단히 한 끼 때우고 싶을 때,
떡볶이 같은 음식 하나로는 왠지 한 끼가 부족한 듯할 때
곁들이기 정말 좋은 김밥이에요.
김치와 양념 간장만으로 지금 당장 만들 수 있어요.

재료(6줄)

- 밥 4공기
- 참기름 1큰술
- 깨소금 1큰술
- 잘게 썬 김치 1공기 가득(가위로 자르면 편해요.)
- 식용유 약간
- 김밥용 구운 김 6장

김치볶음 양념
- 참기름 1큰술
- 설탕 1큰술
- 깨소금 1큰술

양념 간장
- 간장 3큰술
- 다진 파 2큰술
- 다진 마늘 1큰술
- 고춧가루 1큰술
- 설탕 ½큰술
- 다진 청양고추 1개 분량

❶ **밥 + 참기름, 깨소금**
밥에 참기름과 깨소금을 넣고 섞은 뒤 식힌다.

❷ **김치 볶기**
달군 팬에 기름을 두르고 잘게 썬 김치를 볶다가 김치볶음 양념을 넣어 볶는다.

❸ **양념 간장 만들기**
재료를 분량대로 섞어 양념 간장을 만든다.

❹ **김밥 말기**
김 위에 밥을 깔고 김치볶음과 양념 간장을 올린 뒤 김밥을 만다.

양념 간장은 짜지 않게 조금씩 올리세요

맛있는 Tip
▶ 같이 먹으면 어울리는 닭봉구이(p.158)

광장시장의 유명한 김밥집에서 먹는 그 맛!
마약김밥

광장시장의 유명한 먹거리 중 하나인 일명 '마약김밥'은 당근과 단무지, 시금치가 조금씩 든 소박한 김밥이에요. 간장 소스에 찍어 먹는 이 김밥은 자꾸 손이 가는 김밥이라 '마약김밥'이라는 별칭으로 불리지요. 당근을 싫어하는 아이도 당근이 듬뿍 들었는데 너무 맛있다며 잘 먹는답니다.

재료(4인분)
- 밥 4공기
- 당근 큰 것 1개 □ 데친 시금치 1줌
- 김밥용 단무지 6개
- 참기름 · 통깨 1작은술씩
- 소금 · 후춧가루 약간씩
- 식용유 약간
- 김밥용 구운 김 6장(4~6등분해놓아요)

간장 소스
- 간장 · 물 2큰술씩
- 설탕 · 식초 · 연겨자 1큰술씩

나중에 김밥을
찍어 먹어요

당근이
흐물흐물
해질 때까지
볶으세요

❶ 재료 준비하기
당근은 가늘게 채 썰고, 단무지도 2등분해서 가늘게 썬다.
시금치는 데쳐서 물기를 꼭 짠 뒤 참기름, 통깨, 소금을 넣어 양념한다.

❷ 간장 소스 만들기
재료를 분량대로 섞어 간장 소스를 만든다.

❸ 당근 볶기
달군 팬에 기름을 두르고 채 썬 당근을 넣은 뒤 소금, 후춧가루를 조금씩
넣어 흐물흐물해질 때까지 충분히 볶는다.

❹ 김밥 말기
김 위에 밥을 깐 다음 볶은 당근과 단무지, 시금치를 올리고 말아
꼬마김밥을 싼다.

단단하게
꼭꼭 말아요~

 맛있는 Tip

▶ 마약김밥의 메인은 당근이에요. 볶기 전에는
당근이 많아 보이지만 볶은 후에는 부피가 줄
기 때문에 당근은 충분히 준비하는 게 좋아요.

집에서 만들면 더 맛있는
충무김밥

충무김밥은 마트나 분식점에서도 많이 팔지만 집에서 생물 오징어와 무로 직접 만들면 정말 맛있어요. 전날 무를 절여놓으면 일반 김밥을 싸는 것보다 훨씬 간단하게 만들 수 있고, 오징어무침과 무무침은 넉넉하게 만들어 밑반찬으로 활용해도 좋답니다.

재료(4인분)
- 밥 4인분
- 생물 오징어 2마리
- 무 400g(보통 크기 무 ½개 정도 분량)
- 구운 김밥용 김 8장(6등분해놓아요.)

무 초절임 양념
- 식초 · 설탕 ½컵씩 · 소금 1큰술

양념장
- 고춧가루 3큰술 · 다진 파 2큰술
- 다진 마늘 · 물엿 · 참기름 1큰술씩
- 통깨 · 설탕 ½큰술씩
- 다진 생강 1작은술

오징어 추가 양념
- 다진 파 2큰술
- 식초 1½큰술 · 참기름 1큰술

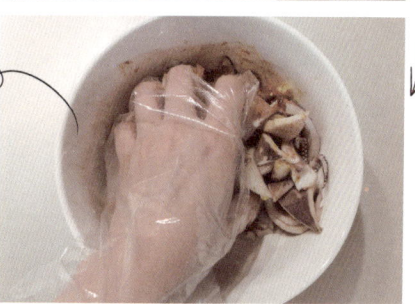

양념장에
조물조물 무쳐요.

양념장+오징어 추가
양념을 넣고
조물조물 무쳐요.

❶ 무 재우기
무는 어슷어슷하게 썰어 초절임 양념에 10시간 이상 재워놓는다.

❷ 양념장 만들기
재료를 분량대로 섞어 양념장을 만든다.

❸ 오징어 데쳐서 썰기
손질한 오징어를 끓는 물에 살짝 데친 뒤 식혀서 어슷하게 썬다.

❹ 무무침과 오징어무침 만들기
초절임 무는 체에 밭쳐 식촛물을 빼고 양념장의 ⅓분량(약 1½큰술)을
넣어 조물조물 무친다. 무를 무치고 남은 양념장(약 3큰술)에
오징어 추가 양념을 넣고 오징어를 넣어 무친다.

❺ 김밥 싸기
6등분한 김에 밥을 한 숟가락씩 올리고 돌돌 말아 작게 김밥을 싼다.

❻ 담기
④의 무무침과 오징어무침, 김밥을 함께 담아 낸다.

맛있는 Tip
▶ 김밥을 싸지 않고 김과 밥을 따로 내어 각자
싸 먹게 해도 좋아요.
▶ 무와 오징어는 미리 무쳐서 냉장고에 차게
보관하면 더욱 맛있어요. 전날 미리 만들어
두어도 괜찮습니다.

고추장볶음이 맛있는 주먹밥 속으로 쏘옥~
고추장주먹밥도시락

밥 속에 고추장볶음을 넣고 구운 김에 굴린 주먹밥으로 도시락을 쌌어요. 고추장볶음만 만들면 금방 쌀 수 있어서 편하고, 매콤한 양념이 입맛을 돋워서 아이 도시락뿐 아니라 어른 도시락에도 좋아요. 고추장볶음은 삼각김밥을 만들 때 소로 쓰거나 비빔밥에 볶음고추장으로도 쓸 수 있고, 입맛 없을 때 밥에 쓱쓱 비벼 먹어도 맛있어서 넉넉하게 만들어두면 좋아요.

재료(2인분)
- 밥 2공기
- 김 3장(구워서 준비하세요.)
- 고추장볶음 적당량

고추장볶음
- 다진 쇠고기 100g
- 다진 마늘 2큰술
- 고추장 5큰술
- 배즙 4큰술(배즙을 넣으면 고추장볶음이 식었을 때 덜 단단해져요.)
- 설탕·꿀 1큰술씩
- 통깨 1큰술
- 참기름 1큰술
- 식용유 약간

주먹밥 만들기

❶ 재료 준비하기
밥, 고추장볶음, 구운 김을 준비한다. 김은 비닐봉투에 넣고 손으로 부숴놓는다.

❷ 주먹밥 만들기
밥 위에 고추장볶음을 가운데 놓고 주위 밥을 동그랗게 뭉친 다음 김이 든 비닐봉투 안에서 굴려 주먹밥을 만든다.
… 비닐봉투 안에서 굴리면 김 가루가 날리지 않아서 좋아요.

고추장볶음 만들기

❶ 쇠고기 + 마늘 볶기
달군 팬에 기름을 두르고 다진 쇠고기와 다진 마늘을 넣어 덩어리지지 않게 볶는다.

❷ ① + 고추장
①에 고추장을 넣고 약한 불에서 타지 않게 5분 정도 볶는다.
… 충분히 볶아야 고추장볶음에서 고추장의 생맛이 나지 않아요.

❸ ② + 배즙, 설탕, 꿀, 통깨 + 참기름
②에 배즙, 설탕, 꿀, 통깨를 넣고 볶다가 참기름을 넣어 완성한다.

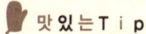

맛있는 Tip
▶ 고추장주먹밥과 어울리는 요리…
차돌박이샐러드(p.182)

간단하게 만드는 영양 만점 주먹밥
잔멸치주먹밥

아이들이 유치원 다닐 때, 도시락으로도 많이 싸고, 국과 함께
간단한 식사 메뉴로도 많이 만들었던 주먹밥이에요. 잔멸치와 당근은
아이들이 좋아하지 않는 재료인데도 달콤한 꿀 덕분인지 이 주먹밥은
잘 먹었답니다. 아이들이 큰 요즘에는 청양고추를 다져 넣어서
약간 매콤하게 만들어요.

재료(2~3인분)
- 밥 3공기
- 잔멸치 1컵
- 다진 당근 ¼개 분량
- 다진 청양고추 ½개 분량(매운맛이 싫으면 생략해도 됩니다.)
- 꿀 3큰술
- 식용유 약간

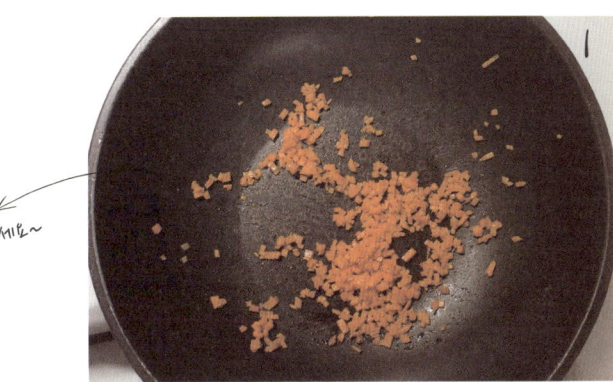

달달 볶으세요~

❶ 당근 볶기
달군 팬에 기름을 살짝 두르고 다진 당근을 볶는다.

❷ ① + 잔멸치, 다진 청양고추
①에 잔멸치와 다진 청양고추를 넣고 볶는다.

❸ ② + 꿀 + 밥
②에 꿀을 넣고 볶다가 밥을 넣어 볶는다.

❹ 주먹밥 만들기
뜨거울 때 동그랗게 뭉쳐 주먹밥을 만든다.
… 뜨거울 때 뭉쳐야 잘 뭉쳐진답니다. 비닐장갑 안에 목장갑을 끼면 뜨겁지 않게 만들 수 있어요.

 맛있는 Tip
- ▶ 잔멸치주먹밥과 어울리는 요리… 차돌박이샐러드(p.182)
- ▶ 멸치볶음 두 가지…마늘멸치볶음(p.318), 아몬드멸치볶음(p.320)

동그랗고 단단하게 뭉쳐요

아이들 도시락으로 최고!
미니오므라이스

소스를 넣은 볶음밥을 한입 크기로 만들어 달걀에 굴린 꼬마 오므라이스예요.
먹기도 편하고 맛도 있어서 아이들 소풍 도시락으로 좋답니다.
미니 컵에 담아주면 하나씩 집어 먹기도 편해 아이들이 아주 좋아해요.

> **재료(2~3인분)**
> ☐ 밥 2공기
> ☐ 양파 · 당근 · 피망 ¼개씩
> ☐ 베이컨 4줄(50g) ☐ 달걀 2개
> ☐ 식용유 · 소금 약간씩
>
> **소스**
> ☐ 토마토케첩 5큰술 ☐ 우스터 소스 2큰술
> ☐ 버터 ½큰술 ☐ 소금 · 후춧가루 약간씩

❶ 재료 준비하기
양파, 당근, 피망, 베이컨을 잘게 썰어놓는다.

❷ 소스 만들기
소스 재료를 분량대로 준비해 고루 섞은 뒤 약한 불에 올려 살짝 끓인다.

❸ 볶음밥 만들기
달군 팬에 기름을 두르고 양파, 베이컨, 당근, 피망 순으로 볶은 후 밥과 소스를 넣어서 고루 섞으며 볶는다.
⋯▶ 소스는 간을 봐가며 넣으세요.

❹ 주먹밥 만들기
볶음밥이 뜨거울 때 긴 타원 모양으로 뭉쳐 주먹밥을 만든다.
⋯▶ 밥이 뜨거울 때 만들어야 잘 뭉쳐지고 쉽게 부서지지 않아요. 뜨거우면 비닐장갑 안에 목장갑을 끼고 만드세요.

❺ 미니오므라이스 만들기
달걀에 소금을 조금 넣어 잘 저어 풀어놓은 다음 팬에 기름을 살짝 발라 한 숟가락씩 떠서 얇고 길게 바르듯이 편다. 그 위에 뭉쳐둔 주먹밥을 올려 달걀이 익기 전에 재빨리 말아 익힌다.

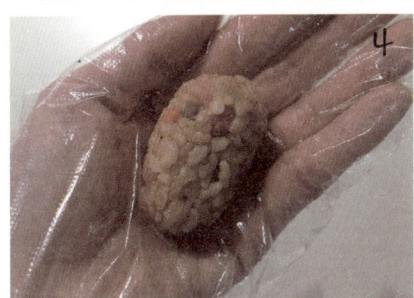

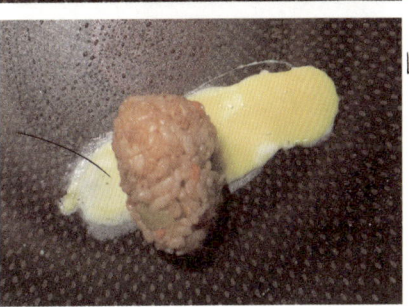

달걀이 익기 전에 돌돌 말아요

데리야키 소스와 샤브샤브용 고기로 만드는
쇠고기말이주먹밥

일단 만들어두면 여기저기 쓰기 좋은
데리야키 소스로 간단하게 만들 수 있는
주먹밥이에요. 도시락으로도 좋지만
국이나 김치만 곁들이면
훌륭한 한 끼 식사가 된답니다.

엄마의 정성 담은 도시락 **315**

재료(2~3인분)
- 밥 2공기
- 샤브샤브용 쇠고기 14~16장
- 데리야키 소스 4~5큰술
- 식용유 약간

❶ 재료 준비하기
쇠고기는 얇게 썬 부챗살 등의 샤브샤브용으로 준비하고, 데리야키 소스는 시판용을 쓰거나 직접 만들어 준비한다.

❷ 고기에 밥 말기
밥을 길쭉한 모양으로 뭉친 뒤 샤브샤브용 쇠고기를 펼치고 고기 위에 밥을 올려 만다.

❸ 주먹밥 굽기
달군 팬에 기름을 두르고 쇠고기를 만 주먹밥을 굴려가며 굽는다.

❹ 데리야키 소스 넣고 조리기
쇠고기가 익으면 데리야키 소스를 넣고 고기에 소스가 골고루 배도록 굴려가며 조린다.

소스의 양은 고기를 굴려가며 적당히 조절하세요

 맛있는 Tip
- 데리야키 소스가 없는 경우 약식으로 만들 수 있어요. 간장, 청주, 올리고당, 물을 동량으로 섞어서 팬에 끓이다가 주먹밥을 넣어 굴려요.
- 데리야키 소스 만들기와 활용하기(p.36)
- 샤브샤브 만들기(p.168)

맛도 영양도 모양도 일품!
쌈밥도시락

쇠고기를 넣은 쌈장이 쌈밥에 부족한 단백질을 보충해서 영양이 듬뿍, 게다가 전날 쌈 재료를 미리 준비해두면 아침 시간에도 금방 쌀 수 있어요. 다른 반찬이 필요 없고 물이 생기지 않아서 도시락 메뉴로 아주 좋아요. 쌈장은 취향에 따라 닭가슴살, 통조림 참치, 견과류 등을 다양하게 이용해보세요.

재료(2~3인분)
- 밥 3공기
- 호박잎 10장
- 양배추 5장
- 쌈다시마 1장(소금에 절인 염장 다시마를 마트에서 저렴한 가격에 살 수 있어요.)

고기 고명
- 다진 쇠고기 100g
- 간장·맛술 1큰술씩
- 마늘·참기름 ¼큰술씩

쇠고기 쌈장
- 고기 고명 6큰술
- 기본 쌈장 4큰술 ▶ 기본 쌈장 만들기(p.38)
- 들기름 1큰술

고기 고명을 넉넉하게 만들어
조금씩 나누어 냉동실에
보관해두면 편리해요

❶ 쌈 재료 준비하기
호박잎과 양배추는 찜통에서 호박잎은 5~7분, 양배추는 10~20분 찐다.
쌈다시마는 찬물에 주물러 소금기를 뺀 후 찬물에 30분간 담가둔다.

❷ 고기 고명 만들기
다진 쇠고기를 나머지 고명 재료로 밑간한 뒤 볶는다.

❸ 쇠고기 쌈장 만들기
고기 고명, 기본 쌈장, 들기름을 분량대로 섞어서 쇠고기 쌈장을 만든다.

❹ 쌈밥 만들기
호박잎과 양배추를 펼친 뒤 쇠고기 쌈장과 밥을 올리고 감싸 쌈밥을 만든다. 다시마는 크게 잘라 김밥처럼 밥을 넣고 돌돌 만 다음 썰어서 그 위에 쌈장을 얹어도 좋다.
→ 호박잎과 양배추쌈밥 만들기(p.78)

맛있는 Tip
▶ 기본 쌈장에 다양한 재료를 넣어 여러 가지 쌈밥을 만들면 손님 초대 요리로도 좋아요.
▶ 쌈다시마는 소금기를 뺀 후 액젓, 마늘, 고춧가루, 참기름을 섞어 찍어 먹으면 맛있어요.

달콤한 마늘이 매력적인 멸치볶음
마늘멸치볶음

몸에 좋은 마늘과 멸치, 둘 다 맛있게 먹을 수 있는 반찬이에요.
쫀득쫀득 달콤한 마늘이 사과 절인 것 같은 맛이라 마늘을 싫어하는 아이들도
맛있게 잘 먹는답니다. 먹다 보면 마늘을 먼저 골라 먹게 될 정도로 마늘이
맛있는 밑반찬, 안 만들어볼 수 없겠죠?

재료
- 볶음용 멸치 2컵
- 마늘 2컵
- 다진 청양고추 1개
- 포도씨유 3큰술
- 식용유 적당량

마늘 양념
- 물엿 5큰술
- 간장 1큰술
- 맛술 1큰술

엄마의 정성 담은 도시락 **319**

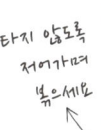

타지 않도록
저어가며
볶으세요

❶ 재료 준비하기
마늘은 편으로 2~3등분해서 물에 30분 정도 담가 매운맛을 빼고, 청양고추는 다진다.

❷ 멸치 볶기
팬을 달궈 기름 없이 멸치를 가볍게 볶은 후 체에 쳐서 가루를 턴다.

❸ 마늘 볶기
팬에 포도씨유를 두르고 충분히 달군 후 물기를 제거한 마늘을 튀기듯이 갈색이 나도록 볶은 뒤 체에 밭쳐 기름을 제거한다.
⋯ 제대로 볶으면 기름이 거의 줄지 않아요. 걸러낸 기름은 다른 요리에 사용하세요.

❹ 마늘 양념 + 볶은 마늘
마늘 양념 재료를 모두 팬에 넣고 끓이다가 볶은 마늘을 넣고 조린다.

❺ ④ + 멸치, 청양고추
마늘이 어느 정도 조려지면 멸치와 잘게 썬 청양고추를 넣고 잘 섞는다.

맛있는 Tip
▶ 멸치는 따로 양념을 하지 말고 마늘의 양을 기준으로 양념을 조절하세요.
▶ 마늘을 볶을 때는 기름의 온도를 충분히 올린 후 타지 않게 볶아야 기름을 많이 먹지 않고, 만든 다음에도 쫀득쫀득해집니다.
▶ 같은 방법으로 잔멸치를 이용해 만들어도 맛있어요.

매콤하면서 고소한 멸치볶음
아몬드멸치볶음

아몬드 슬라이스와 잔멸치로 만드는 과자 같은 멸치볶음이에요.
고추기름이 들어가 약간 매콤하면서도 아몬드 슬라이스의 고소함과 멸치의
짭짤함이 어우러져 자꾸 손이 간답니다. 식탁에 놓고 한 번씩 집어 먹기 좋은
특별한 멸치볶음이에요. 남편은 술안주로도 좋아한답니다.

엄마의 정성 담은 도시락 **321**

재료
- 지리멸치 150g(몸길이 3~4cm 정도 되는 잔멸치로 수북이 3컵 정도 준비하세요.)
- 아몬드 슬라이스 50g

양념
- 물엿 3큰술
- 고추기름 2큰술
- 설탕 2큰술
- 식용유 1큰술
- 생강즙 1작은술
- 간장 1작은술

❶ 멸치 볶기
팬을 달궈 기름 없이 멸치를 볶은 뒤 체에 쳐서 가루를 제거한다.

❷ 아몬드 볶기
멸치를 볶았던 팬에 아몬드를 넣고 10초 정도 가볍게 볶은 뒤 꺼낸다.

❸ 양념 만들기
양념 재료를 분량대로 섞어 팬에 넣고 끓인다.

❹ ③ + 멸치, 아몬드
양념이 바글바글 끓으면 볶아놓은 멸치와 아몬드를 넣고 젓가락으로 가볍게 저어 양념과 고루 섞는다.

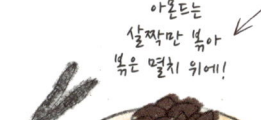
아몬드는 살짝만 볶아 볶은 멸치 위에!

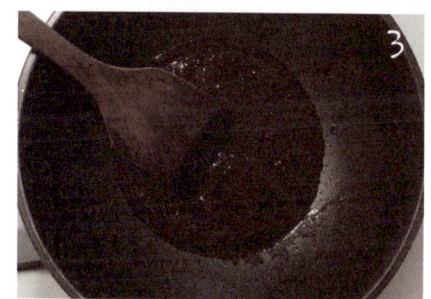

 맛있는 Tip
▶ 지리멸치 대신 볶음용 멸치로 만들어도 좋아요.

국물은 자작하게, 맛은 감칠나게!
김치볶음

도시락 반찬의 고전이라고 할 수 있는 김치볶음은 넉넉하게 해서 냉장고에 두면 밑반찬으로도 좋답니다. 멸치 육수를 넣어 김치를 충분히 익히고 국물도 자작하게 만들면 덮밥처럼 비벼 먹어도 맛있어요.

재료 (4~5인분)
- ☐ 김치 2공기
- ☐ 양파 ½개
- ☐ 대파 1대
- ☐ 설탕 1큰술
- ☐ 고추장 1큰술
- ☐ 멸치 육수 150~200ml
  - ▶ 멸치 육수 만들기(p.34)
- ☐ 참기름 1큰술
- ☐ 식용유 약간

양파와 김치를 볶은 뒤 양념해요

❶ 재료 썰기
김치는 큼직하게 썬다. 양파는 채 썰고, 파는 송송 썬다.

❷ 양파, 김치 + 설탕, 고추장
팬에 기름을 두르고 김치와 양파를 충분히 볶은 후 설탕과 고추장을 넣고 볶는다.

❸ ② + 멸치 육수
②에 멸치 육수를 넣고 김치가 충분히 익도록 끓인다.

❹ ③ + 파, 참기름
③에 파와 참기름을 넣어 마무리한다.

멸치 육수를 넣어요

파와 참기름을 넣어 마무리!

맛있는 Tip
▶ 김치로 만드는 또 다른 요리…
 베이컨김치볶음밥(p.58), 김치그라탱(p.52)

감자와 베이컨으로 만드는 맛있는 반찬
감자베이컨볶음

우리 집 냉장고에 늘 들어 있는 식재료 중 하나가 베이컨이에요. 볶음밥을 만들거나 식빵으로 아침을 대신할 때 늘 유용하지요. 그리고 감자베이컨볶음을 위해서도 여러 개 묶인 베이컨을 사다가 냉동실에 얼려둔답니다. 부드러운 감자와 짭조름한 베이컨이 맛도 있지만 만들기도 간단해서 도시락 반찬이나 밥반찬으로 자주 만들어요.

재료
- ☐ 감자 2~3개
- ☐ 베이컨 5줄
- ☐ 쪽파 5대
- ☐ 물 100ml
- ☐ 허브 솔트 약간
- ☐ 식용유 약간

감자가 부서지지 않도록 조심해서 볶으세요

❶ 재료 썰기
감자는 납작하게 썰고, 베이컨은 감자 크기와 비슷하게 썬다.
쪽파는 잘게 송송 썰어놓는다.

❷ 감자 녹말기 빼기
썰어놓은 감자를 30분 정도 물에 담가두거나 흐르는 물에 여러 번 헹궈 녹말기를 뺀 후 물기를 제거한다.

❸ 감자, 베이컨 볶기
달군 팬에 기름을 두르고 물기를 제거한 감자를 볶다가 베이컨을 넣어 볶는다.

❹ ③ + 물
베이컨이 어느 정도 익으면 분량의 물을 넣고 뚜껑을 덮어 감자를 익힌다.
⋯▸ 감자가 부서지는 것도 막고 빠른 시간에 익힐 수도 있어요.

❺ ④ + 허브 솔트 + 쪽파
감자가 다 익으면 뚜껑을 열고 볶아 수분을 날린다. 허브 솔트로 간한 후, 쪽파를 넣는다.

뚜껑을 덮어 익혀요

냉동실에 넣어둔 채소와 햄으로 후닥닥 만드는
달걀말이

도시락 반찬의 단골 메뉴인 달걀말이는 만들기는 어렵지 않지만
안에 이것저것 채소와 햄을 다져 넣으려면 번거로울 때가 많아요.
저는 평소에 자투리 채소와 햄을 다져서 냉동실에 보관해놓는답니다.
냉동실에서 꺼낸 채소들과 햄을 이용하면 10분 만에 달걀말이를
만들 수 있거든요.

재료(3~4인분)
- 달걀 5개
- 멸치 육수 또는 물 2큰술(넣지 않아도 돼요.)
- 햄·당근·시금치·양파 다진 것 약간씩
- 소금 약간
- 식용유 약간
- 토마토케첩 약간

멸치 육수나 물을 넣으면
좀 더 부드럽게 돼요

❶ 재료 준비하기
미리 냉동 보관해둔 채소와 햄 가운데 시금치는 필요한 만큼 썰어놓고
햄, 당근, 양파도 필요한 만큼 덜어낸다.

❷ 달걀 + 햄과 채소 + 소금 + (멸치 육수 또는 물)
달걀에 햄, 당근, 시금치, 양파를 적당히 넣고 소금을 넣어 풀어 섞는다.
멸치 육수가 준비되어 있다면 넣어도 좋다. 멸치 육수 대신 물을 넣어도
되고 넣지 않고 그대로 해도 무방하다.
…› 굳이 달걀의 알끈을 제거하지 않아도 돼요.

❸ 달걀물 말기
팬에 기름을 약간 두르고 ②의 달걀물을 ⅔ 정도 팬에 부은 다음 완전히
익기 전에 가운데 부분부터 말아간다. 팬의 가운데로 달걀을 옮기고
나머지 달걀물을 부은 후 눌러가며 계속 만다.

❹ 담기
약간 식은 후 썰어 토마토케첩과 같이 낸다.

가운데로
옮겨요

나머지 달걀물을
여기에 부어요

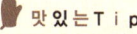

맛있는 Tip
- 시금치는 데쳐서 물기를 꼭 짜 뭉친 채로 냉동실에 보관한 다음 필요한 만큼 칼로 잘라서 쓰세요. 햄, 당근, 양파 등은 잘게 썰어서 냉동실에 보관하세요. 한 쌀 만큼씩 나누어 포장해 얼려도 좋고, 한꺼번에 보관해도 쉽게 떨어져 사용하기에 좋습니다.
…› 달걀말이용 채소와 햄 키트(p.33)
- 사각 팬으로 만들면 더 예쁘게 만들 수 있어요.
- 중간중간 꾹꾹 눌러가면서 말면 예쁘게 모양이 잡힌답니다.

계속 말아요

깐쇼 소스로 볶아낸 비엔나소시지
깐쇼비엔나

보통은 깐쇼 소스로 새우를 튀겨서 깐쇼새우를 만들지만
이 소스에 비엔나 소시지를 볶으면 색다르고 맛있는 밥반찬이 된답니다.
깐쇼새우를 만들 때 소스를 넉넉하게 만들었다가 남은 소스로
비엔나 소시지를 볶아 반찬으로 만들어 먹으면 좋아요.

재료
- 비엔나 소시지 400g

깐쇼 소스
- 토마토케첩 6큰술
- 고추기름 2~3큰술(깐쇼새우 만들 때보다 고추기름의 양을 줄이면 더 좋아요.)
- 물 2큰술
- 두반장 ½큰술
- 설탕 2큰술
- 다진 마늘 2큰술
- 다진 파 1큰술
- 다진 풋고추 1개(청피망을 넣어도 돼요.)

❶ **비엔나 소시지 데치기**
비엔나 소시지에 칼집을 넣은 뒤 끓는 물에 데친다.

❷ **깐쇼 소스 만들기**
다진 파와 풋고추를 뺀 나머지 소스 재료를 모두 섞어 바글바글 끓인다.

❸ **② + 파, 풋고추 + 비엔나 소시지**
소스가 바글바글 끓으면 다진 파와 풋고추를 넣고, 데친 비엔나 소시지를 넣어 버무린다.

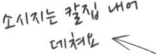
소시지는 칼집 내어 데쳐요

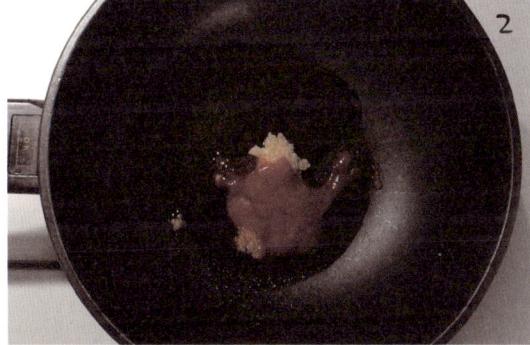

소스를 끓이다가 파와 고추, 소시지를 넣어요

깐풍 소스에 버무린 구운 두부
깐풍두부

깐풍기를 만드는 깐풍 소스를 구운 두부에 버무린 요리예요.
매콤달콤한 깐풍 소스는 부드러운 두부와 정말 잘 어울린답니다.
현미유에 살짝 튀긴 고소하게 두부를 이용하면 두부 표면이
튀김옷을 입은 듯 단단해서 쉽게 만들 수 있고 맛도 더 좋아요.

엄마의 정성 담은 도시락 **331**

재료
- 고소아게 두부 1팩(320g)
- 식용유 약간

깐풍 소스
- 고추기름 3큰술
- 다진 마늘·다진 파 2큰술씩
- 설탕 2큰술
- 간장·식초 1큰술씩
- 홍고추·풋고추 1개씩

고소아게 두부
현미유에 살짝 튀겨서 표면은 유부 같은 질감에 속은 부드러운 두부예요. 샐러드에 넣어도 맛있고, 굽거나 조려 두부 요리를 할 때 양념하기도 좋고 맛도 좋답니다. 대형 마트에서 구입할 수 있어요.

❶ 재료 썰기
두부는 깍둑썰기 하고, 파는 흰 부분을 다져놓는다. 홍고추와 풋고추는 반을 갈라 씨를 빼고 길게 2~4등분해서 송송 썬다.

❷ 두부 굽기
달군 팬에 기름을 두르고 두부를 굴려가며 굽는다.

❸ 소스 만들기
풋고추와 홍고추를 뺀 나머지 소스 재료를 섞어 바글바글 끓인다.

❹ ❸ + 홍고추, 풋고추, 구운 두부
소스가 바글바글 끓으면 홍고추와 풋고추를 넣고, 구운 두부를 넣어 버무린다.

풋고추와 홍고추는 색깔이 죽지 않도록 마지막에 넣어요

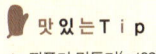
맛있는 Tip
▶ 깐풍기 만들기(p.162)

도시락 싸기

요즘은 학교에서 급식을 하고 직장에서도 도시락을 들고 다니는 경우가
흔하지 않아서 도시락 쌀 일이 많지 않지만 소풍이나 수련회, 등산이나 여행 등
가끔 도시락을 쌀 일이 생기지요.
전 큰아이가 학교에 점심 도시락을 싸가지고 다녀서 2년 넘게 새벽에 도시락을 쌌는데
여기 올린 모든 도시락은 실제로 큰아이가 학교에 들고 다녔던 도시락 레시피예요.
바쁜 아침에 오랜 시간 걸리지 않고 실용적으로 도시락 싸는 몇 가지 팁을 알려드릴게요.

1. 일회용 플라스틱 용기를 이용하세요

환경을 위해서는 일회용기를 쓰면 좋지 않지만, 소풍 도시락의 경우 먹고 나서 집에 들고 오면 짐이 되니까 1년에 몇 번은 눈 딱 감고 일회용기를 이용해요. 샌드위치는 딸기나 방울토마토가 담겨 있던 통에 담고, 과일은 커피 전문점의 아이스커피 컵을 재활용하면 좋아요. 일반 마트에서는 팔지 않지만 방산시장이나 인터넷 쇼핑몰에서 구입할 수 있는 플라스틱 일회용기는 가볍고 밀폐력이 좋답니다.

→ 인터넷에 '일회용 도시락 용기'로 검색해보세요.

2. 리본, 스티커, 냅킨, 도일리 페이퍼 등을 최대한 이용해서 예쁘게 포장하세요

밋밋한 통에 스티커 한 장을 붙이고, 리본 하나를 묶고, 예쁜 냅킨과 도일리 페이퍼 한 장을 올려놓는 것으로 도시락이 업그레이드된답니다. 평소에 포장지에서 뺀 리본들을 모아놓고, 스티커나 냅킨들도 보관했다가 이용하면 별다른 도시락 반찬을 싸지 않더라도 눈으로 먼저 점수를 딸 수 있어요.

3. 미니 종이컵, 유산지, 상추, 깻잎 등을 이용해서 음식들이 섞이지 않게 하세요

예쁜 색깔의 미니 종이컵이나 유산지, 초록색 상추나 깻잎 등을 활용해 음식 사이에 구획을 나누면 음식들이 섞이지 않을 뿐만 아니라 모양도 예쁘답니다. 특히 주먹밥 등을 미니 종이컵에 담으면 먹을 때 젓가락이 필요하지 않아서 소풍 도시락에 그만이에요.

4. 도시락통은 가득 차게 담으세요

도시락통 안을 가득 채우지 않으면 들고 다니면서 흔들려 내용물이 마구 섞이고 모양도 미워집니다. 높이가 맞지 않을 때는 바닥에 은박지나 유산지를 깔아 높이를 올리고, 방울토마토 등의 과일을 빈 공간 집어넣어서 도시락 통을 꽉 채우세요.

5. 온도가 맞지 않는 도시락 통 2개를 그대로 겹치지 않게 하세요

뜨거운 밥과 차가운 샐러드를 그대로 겹쳐서 들고 다니면 샐러드가 금세 눅눅해진답니다. 이렇게 온도 차이가 나는 도시락 통을 겹쳐서 들고 다녀야 할 때는 두꺼운 종이나 아이스크림 담는 보냉 봉투 등을 잘라 사이에 넣으세요.

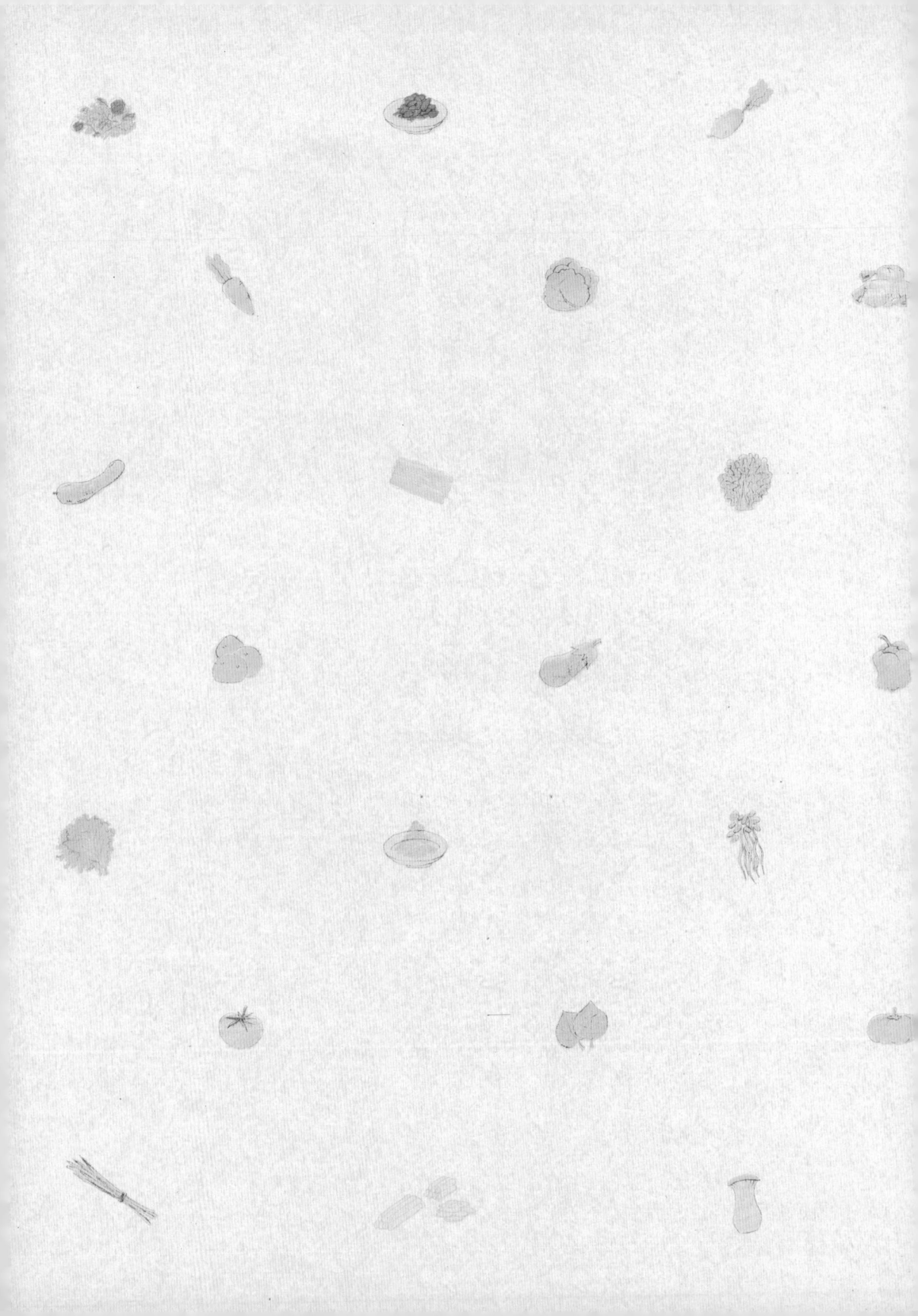

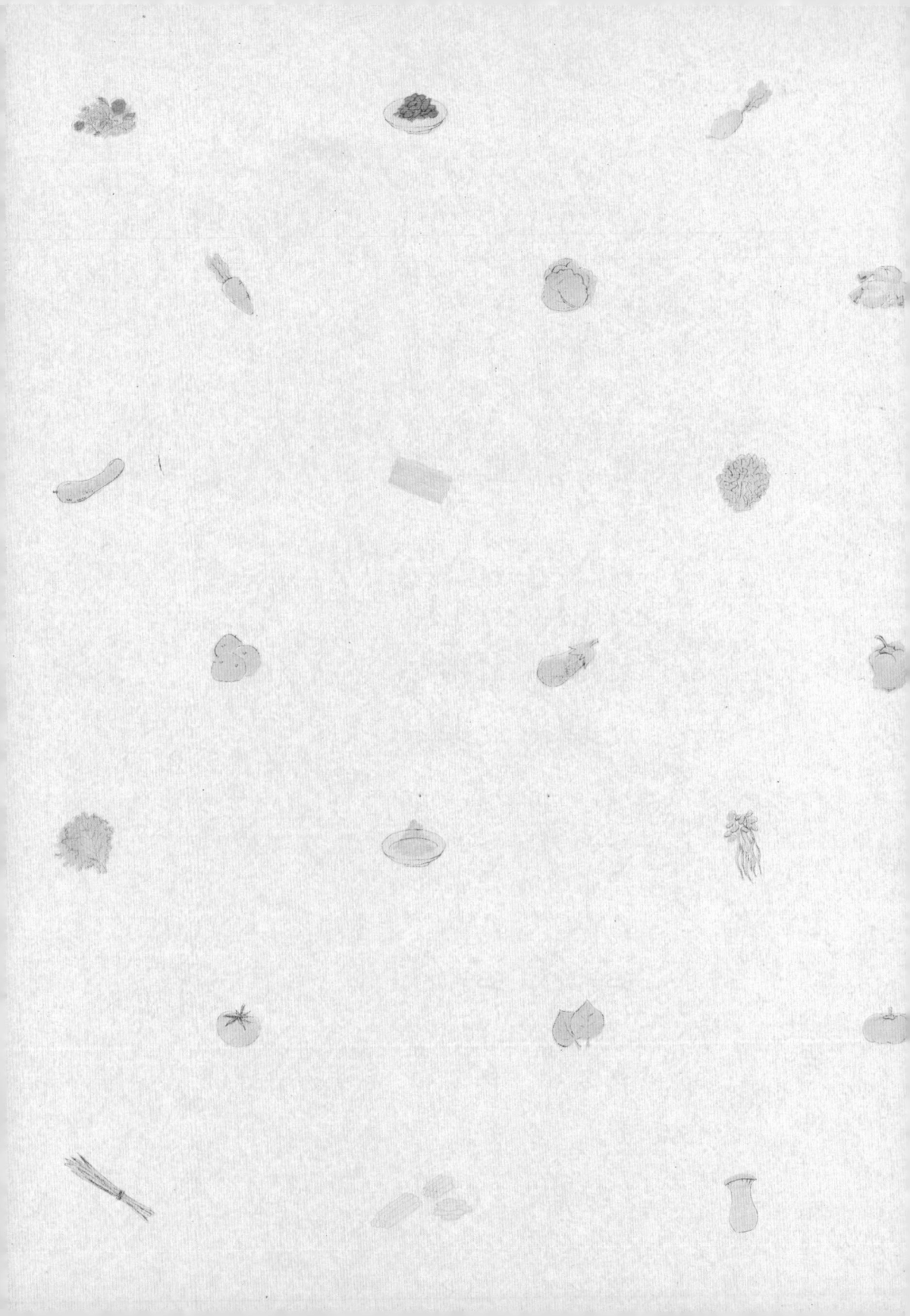